——孩子最爱读的——

山海经

于立文◎编绘

1

北京工艺美术出版社

图书在版编目（CIP）数据

孩子最爱读的山海经 ：彩图版 / 于立文编绘. --
北京 ：北京工艺美术出版社，2023.2
ISBN 978-7-5140-2482-1

Ⅰ. ①孩… Ⅱ. ①于… Ⅲ. ①历史地理－中国－古代
②《山海经》－儿童读物 Ⅳ. ①K928.626-49

中国版本图书馆CIP数据核字(2022)第119153号

出 版 人：陈高潮
责任编辑：张怀林
装帧设计：黄 辉
责任印制：王 卓

法律顾问：北京恒理律师事务所 丁 玲 张馨瑜

孩子最爱读的山海经 彩图版
HAIZI ZUIAI DU DE SHANHAIJING CAI TU BAN
于立文 编绘

出 版 北京工艺美术出版社
发 行 北京美联京工图书有限公司
地 址 北京市西城区北三环中路6号 京版大厦B座702室
邮 编 100120
电 话 (010) 58572763（总编室）
(010) 58572878（编辑室）
(010) 64280045（发 行）
传 真 (010) 64280045/58572763
网 址 www.gmcbs.cn
经 销 全国新华书店
印 刷 德富泰（唐山）印务有限公司
开 本 640 毫米 × 920 毫米 1/16
印 张 30
字 数 100千字
版 次 2023年2月第1版
印 次 2023年2月第1次印刷
印 数 1～30000
书 号 ISBN 978-7-5140-2482-1
定 价 128.00元

前言

QIANYAN

自从盘古开天辟地，女娲创造了人类之后，上古时期又出现了哪些有着神奇伟力的神呢？发生了什么惊天动地的事呢？还有哪些奇异的国度呢？《山海经》告诉我们，有掌管天下祸福的王母娘娘、有黄帝与蚩尤的惊世大战、有挥舞着盾牌的勇士刑天、没有影子的寿麻国，等等。

《山海经》又是一个充满着神奇色彩的动物世界，其中记录的飞鸟虫鱼更是充满了无限魅力。比如精通音律、擅长各种乐器的虎蛟；身披黄色羽毛、能治疗麻风病的肥遗鸟；大禹治水的得力助手旋龟；红须的葱聋、长尾巴的诸犍、虎身人面的马腹；喜欢喝酒、跑得飞快的狌狌；长着白脑袋红尾巴、能给人带来好运的鹿蜀，等等。这些都是什么？动物园中可从来没有这样的动物！原来，它们都是存在于《山海经》中的神兽。这些神奇的飞鸟虫鱼都有着自己独特的形态、爱好、性格、技能和故事。翻开这本书，你会发现在远古时期或许真有这样一个多姿多彩的世界，存在着稀奇古怪的飞鸟虫鱼。让我们跳出时空的界限，来一次奇妙的远古之旅吧。

目录

CONTENTS

上古人神

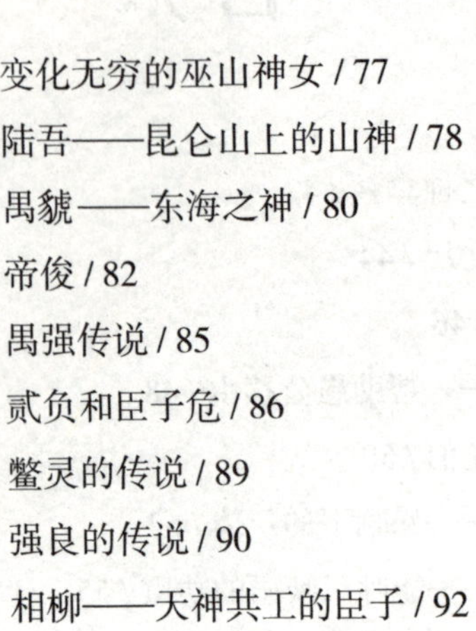

炎黄故事

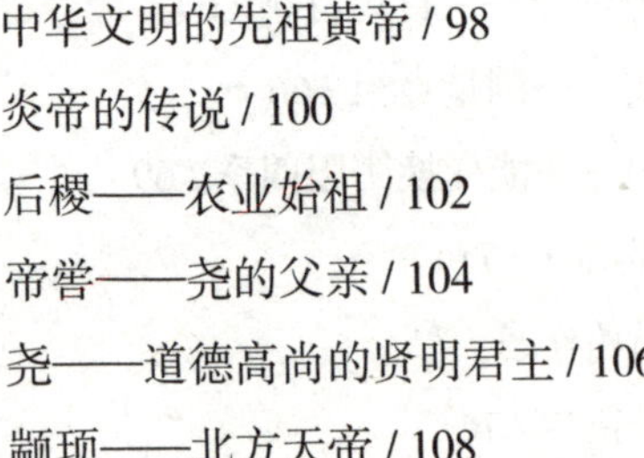

神山仙岭

上古人神

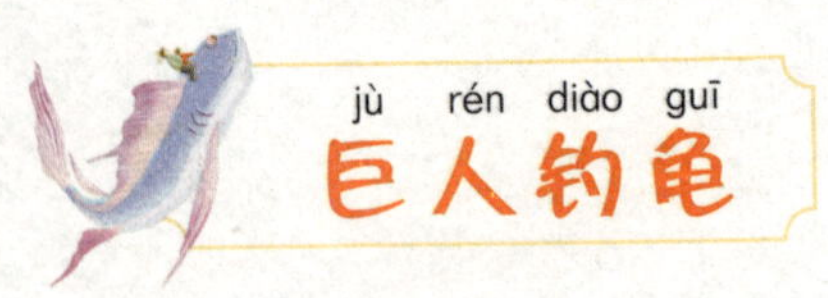

jù rén diào guī
巨人钓龟

传说在古渤海东面，几亿里的地方，有一大壑，名叫“归墟”。这里面有五座仙山，仙山上住着许多仙人，仙人每天忙碌地飞来飞去。这五座仙山都漂浮在海面上，每当大风大浪袭来，山与山之间的位置距离就完全错乱，令居住

在这里的神仙们头疼不已。天帝知道情况后命风神禺强把海上的仙山固定下来。

风神禺强调遣来十五只大海龟，三班倒换，轮流驮着五仙山。就这样，平安无事过了若干年。不料，有一年却出了事。原来，在昆仑山以北有一个龙伯国，这个国家的人都生得十分高大，其中有个巨人，闲着无聊，就拿起一根钓鱼竿，到了“归墟”五座仙山的地方，钓走了六只大海龟，导致二座仙山漂流到了北极，沉没到海里。“归墟”里的五座仙山只剩下蓬莱、方丈、瀛洲三座仙山。

天帝知道后十分震怒，他把龙伯国的国土变得越来越小，把龙伯国的巨人变得越来越矮。

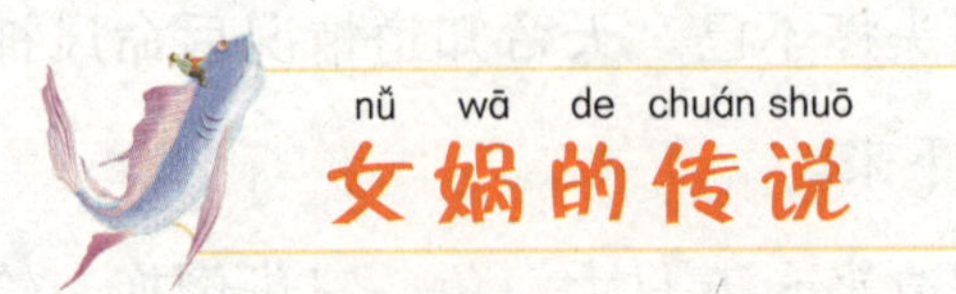

nǚ wā de chuán shuō
女娲的传说

中国上古神话中，有一位化育万物、造福人类的女神，她就是女娲。

据说天地开辟以后，大地上虽然有了山川湖泊、花草鸟兽，可是还没有人类的踪迹。女娲是产生在母系氏族社会的神话人物，传说女娲想创造一种新的生命，于是她抓起了地上的黄土，仿照自己映在水中的形貌，揉团捏成一个个小人的形状。这些泥人一放到地面上，就有了生命，活蹦乱跳，女娲给他们取名叫“人”。就这样，她用黄泥捏造了许多男男女女的人。但是用手捏人毕竟速度太慢，于是女娲顺手拿起一截草绳，搅拌上浑黄的泥浆向地面挥洒，结果泥点溅落的地方，也都变成了一个个活蹦乱跳的人。于是大地上到处都有了人类活动的踪迹。

女娲还使男女相配叫他们自己生育后代，一代一代绵延。在神话中女娲不单是创造人类的始祖母，而且是最早的婚姻之神。

后来共工怒触不周山，半边天空塌下来，露出一个个可怕的黑窟窿，地上也出现一道道巨大的裂口，山林燃起炎炎烈火，地底喷涌出滔滔洪水，各种猛兽、恶禽、怪蟒纷纷蹿出来危害人类。女娲见人类遭受这样惨烈的灾祸，就全力补救天地。她先在江河中挑选许多五彩石，熔炼成胶糊，把天上的窟窿一个个补好。又杀了一只大龟，砍下它的四肢脚竖在大地四方，把天空支撑起来。接着杀了黑龙赶走各种恶禽猛兽，用芦苇灰阻塞了横流的洪水。从此灾难得以平息，人类得到挽救，人世间又有了欣欣向荣的景象。为了让人类更愉快地生活，女娲还造各种乐器，使人类在劳作之余进行娱乐。

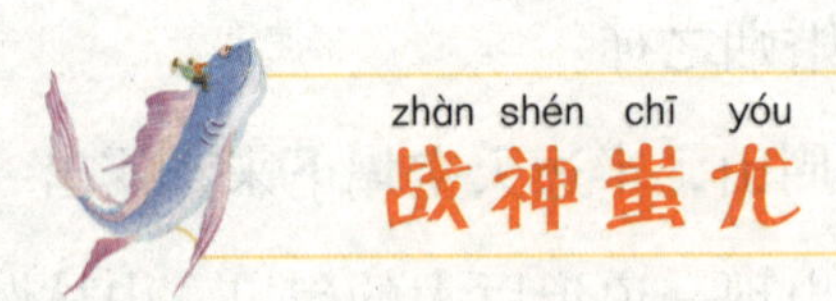

zhàn shén chī yóu
战神蚩尤

数千年前，中国黄河、长江流域一带住着许多氏族和部落。其中黄帝是黄河流域最有名的一个部落首领。另一个有名的部落首领叫炎帝。

在长江流域有一个九黎族，他们的首领名叫蚩尤，十分强悍。蚩尤有八十一个兄弟，他们个个兽身人面，铜头铁臂，勇猛无比。他们擅长制造刀、弓、弩等各种各样的兵器。蚩尤常常带领他强大的部落，侵略骚扰别的部落。有一次，蚩尤侵占了炎帝的地方，炎帝起兵抵抗，但他不是蚩尤的对手，被蚩尤杀得一败涂地。炎帝没办法，逃到黄帝所在的地方涿鹿请求帮助。黄帝早就想除去蚩尤这个祸害，于是联合其他部落首领，在涿鹿的田野上和蚩尤展开一场大决战，这就是著名的“涿鹿大战”。战争之初，蚩尤凭借着良好的武器和勇猛的士兵，连连取胜。后来，黄帝请来龙和其他奇怪的猛兽助战。蚩尤的兵士虽然凶猛，但是也抵挡不住黄帝的军队加上这一群猛兽，于是纷纷

败逃。

黄帝带领兵士乘胜追杀，蚩尤请来了“风神”和“雨神”来助战。忽然间天昏地黑、浓雾迷漫、狂风大作、雷电交加，天上下起暴雨，黄帝的兵士无法继续追赶。无奈黄帝请来天上的“旱神”帮忙，驱散了风雨。刹那间，风止雨停，晴空万里。蚩尤又用妖术制造了一场大雾，使黄帝的兵士迷失了方向。黄帝利用天上北斗星永远指向北方的现象，造了一辆“指南车”，指引兵士冲出迷雾。

经过多次激烈的战斗，黄帝先后杀死了蚩尤的八十一个兄弟，并最终活捉了蚩尤。黄帝命令给蚩尤戴上枷锁，然后处死他。因为害怕蚩尤死后作怪，将他的头和身子分别葬在相距遥远的两个地方。蚩尤戴过的枷锁被扔在荒山上，化成了一片枫林，每一片血红的枫叶，都是蚩尤的斑斑血迹。

蚩尤死后，他勇猛的形象仍然让人畏惧，黄帝把他的形象画在军旗上，用来鼓励自己的军队勇敢作战，也用来恐吓敢于和他作对的部落。

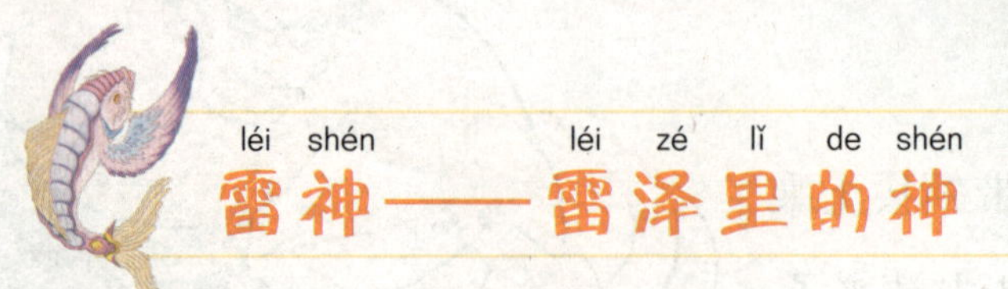

léi shén léi zé lǐ de shén

雷神——雷泽里的神

华胥国有条很长很宽的大河，名叫雷河。雷河的上游有一个很大很大的湖泊，名叫雷泽，是雷河的发源地。

雷泽里住着雷神，雷神长着人的头、龙的身。他在心情好的时候，湖水平静，微波不起；当他发怒的时候，就用尾巴敲着肚皮，发出“轰隆隆”的响声，震动天地，这就是打雷。这时，湖面腾起巨浪，天上乌云聚集，狂风怒吼起来，大雨倾盆而下。雷泽附近地区就要遭水灾了。

雷神在雷泽住厌了，会到天上住一阵子。有时也会幻化为一个魁梧的男子，到岸上巡视一番。

huǒ shén zhù róng gěi rén jiān dài lái yǒng yuǎn guāng míng
火神祝融——给人间带来永远光明

黄帝时代有个火正官，名叫祝融，他小时候的名字叫作黎，是一个氏族首领的儿子，生就一副红脸膛，长得威武魁伟，聪明伶俐，不过生性火暴，遇到不顺心的事就会火冒三丈。那时候燧人虽然发明钻木取火，但还不会保存火和利用火。黎特别喜欢跟火亲近，所以十几岁就成了管火的能手。火到了他的手里，只要不是长途传递，就能长期保存下来。黎会用火烧菜、煮饭，还会用火取暖、照明、驱逐野兽、赶跑蚊虫。大家都很敬重他。有一次，黎的爸爸带着整个氏族长途迁徙，黎看到带着火种走路不方便，就只把钻木取火用的尖石头带在身边。

一次，大家刚定居下来，黎就取出尖石头，找了一筒大木头，坐在一座石山面前“呼哧呼哧”钻起火来。钻呀，钻呀，钻了整整三个时辰，还没有冒烟。黎很生气，他嘴里喘着粗气，很不高兴。但是没有火不行，他只好又钻。钻呀，钻呀，又钻了整整三个时辰，烟倒是出来了，就是不起火。他气得脸色黑红，“呼”地站起来，把尖石头向石头山上狠狠砸去。谁知已经钻得很热的尖石头砸在石山上，“呲”一声冒出了几颗耀眼的火星。聪明的黎看到了，很快想出了新的取火方法。他采了一些晒干的芦花，用两块尖石头靠着芦花“嘣嘣嘣”敲了几下，火星溅到芦花上面，就“吱吱”冒烟了。再轻轻地吹一吹，火苗就往上蹿了。

自从黎发现石头取火的方法以后，就再也用不着费很大工夫去钻木取火了，也用不着千方百计保存火种了。中原的黄帝知道黎有这么大的功劳，就把他请去，封他当了个专门管火的火正官。黄帝非常器重他，说：“黎呀，我来给你取个大名吧，就叫祝融好了。祝就是永远，融就是光明，愿你永远给人间带来光明。”黎听了非常高兴，连忙磕头致谢。从此，大家就改叫他祝融了。

wǔ luó qīng yào shān shang de nǚ shén
武罗——青要山上的女神

上古时代，生活在黄河流域的几十个氏族部落，为争夺生存空间，经常发生战争。五六千年前，黄帝先在孤泉战败炎帝，接着又在河北涿鹿与蚩尤大战。据古籍记载：蚩尤头有角，身上长刺，凶悍无比。两军大战，直杀得天昏地暗，尸横遍野，最后蚩尤战败被杀。勇猛剽悍的蚩尤余部退守青要山据险抗争。青要山的土著居民中，“要人”部落里有位本领高强的武罗姑娘，施展“以柔克刚”之术，帮助黄帝将蚩尤余部收服，并促使各部落之间相互通婚，和睦共处，形成了中华民族历史上的第一次大融合。武罗姑娘因协助黄帝收服蚩尤的余部有功，被封为青要山女神，掌管人间婚姻。她一心要广施爱心，造福人间，但刚刚大战之后，到处是血雨腥风，山瘴毒雾，加上天无四季，终年炎热，于是百病滋生，瘟疫流行，世人还是难脱苦海。

武罗女神为了驱邪除污，净化人寰，给人们消灾祛病，特地登上月亮，到广寒宫请来了降霜仙子——青女。青女本是月中吴刚大仙的妹妹，名叫吴洁，在广寒宫里她是专司降霜洒雪的仙子。这年九月十四日，她下凡来到人间，站在青要山最高峰上，手抚一把七弦琴，琴音美妙，霜粉雪花随着颤动的琴弦飘然而下，洒在大地上，霜冻雪封，掩埋掉世间一切不洁。于是，邪气污秽、山瘴毒雾顿时消失，人们的灾病全无，而且可以丰衣足食了。

精卫——衔石填海的女娃

精卫本来是太阳神炎帝的女儿，是个没成年的小姑娘。中原人把孩子叫作“娃”，这个小姑娘，大伙儿都叫她“女娃”。有时候，她跑到东海边上去看日出，当她看到一轮红日从海面上跳出来的时候，她喜欢极了。因此很想去看看东海以外太阳升起的地方。有一次，等爸爸走了以后，女娃自己跳到东海里向归墟游去。不料，一阵风浪袭来，把女娃吞没了。女娃沉入了东海，再也没有回来。

可是，女娃的精魂没有死，她恨海中的恶浪，她的精灵化作小鸟，叫作精卫，头上的野花化作脑门的花纹，脚上的小红鞋变成了红爪，她发誓要填平东海！

精卫鸟一刻不停地从西山衔来石子和树枝，往东海扔。早也扔，晚上扔，今天也扔，明天也扔，即使遇到狂风暴雨，她也在风雨中穿行。

精卫填海的事惊动了天神。水神共工很佩服精卫的精神，于是就降下洪水，把高原上的泥沙冲进大海，把海水

都搅黄了。于是，人们把东海北部发黄的海域叫作“黄海”。

当大海发觉自己真有被填平的危险时，赶紧采取措施，把那些泥沙用潮汐推向岸边，泥沙在岸边沉淀下来，就形成了海涂。海涂厚了、大了，人们就把它围起来，改造成良田。

人们忘不了这片土地是精卫填海而来的，就教育自己的子子孙孙，世世代代都要爱鸟、护鸟，学习精卫精神，矢志不渝地朝着既定的目标去奋力拼搏。

tài féng néng dài lái hǎo yùn de shén

泰逢——能带来好运的神

宜苏山再往东二十里，有一座和山，那是黄河上游九条水源汇聚的地方。和山光秃秃的，没有花草树木，但是山上盛产瑶、碧之类的美玉。有一位人身虎尾的吉神泰逢，此神有天地灵气，每次出现都伴随奇异的光芒，可以引动天地之气。《山海经》中大部分神都给人带来灾难，而看见泰逢却会给人带来好运气。

一天，山下的村民阿土在田间锄地，一抬头竟然看见守护和山的吉神泰逢。吉神总会给人带来福音，众人羡慕不已，一位老者说："小伙子真行啊，我活了七十三岁，还没见过吉神泰逢。你快说说他长啥样？"

"他出现的时候，周围闪耀着彩色的光环。他长得跟我们人类差不多，但身后有一条老虎的尾巴，那尾巴足足有两尺长。"

人们纷纷说道："你太幸运了！听说吉神泰逢喜欢住在萯山向阳的南坡，性格开朗外向，讲究排场。他还能行云布雨，变换天地之气。不过，吉神轻易不出山。很少有人能见到。"

乡亲们饶有兴致地议论纷纷，巴望着吉神再次出现。

yīng zhāo huái jiāng shān de bǎo hù shén
英招——槐江山的保护神

从泰器山（在今甘肃境内）向西走三百二十里的地方，有一座槐江山。丘时水从这座山中发源，然后向北流入泑水，泑水中有很多漂亮的螺。山上蕴藏着丰富的石青和雄黄，还有很多仙树、黄金、玉石，山的南面有很多细粒的丹砂，山的北面盛产带着色彩的黄金白银。天帝要把这里当成自己的花园。于是，打算派自己信得过的天神来掌管。因为天神英招曾参加过多次诛伐邪神恶兽的战争，是名副其实的和平保护神，天帝就放心地让英招掌管槐江山。

这天神英招长得威风凛凛：马的身体上有一颗人的脑袋，全身布满了老虎的斑纹，背上生有一双翅膀，能在天空中自由飞行。

英招奉天帝之命来到槐江山，他站在山顶向南眺望：南方正是天帝在人间的都邑昆仑山，那里光焰耀耀，云雾缭绕，气势恢宏。他暗下决心：我决不能让槐江山输给昆仑山，我一定要把天帝的这座花园管理好。英招每天都在

山中巡游，他和山中的花神、树神都成了好朋友，还把那些山精树怪管理得服服帖帖。槐江山变得更美了。天帝非常高兴。他知道英招喜欢到处游逛，就又给他安排了新的职责：在管好槐江山花园之外，还负责巡游四海，替天帝传布旨意。

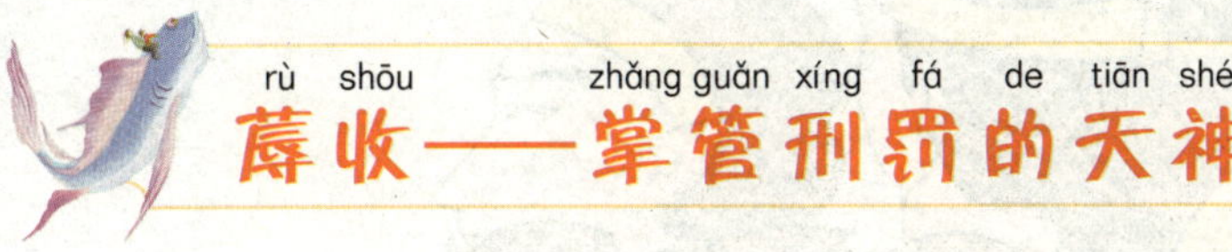

蓐收——掌管刑罚的天神

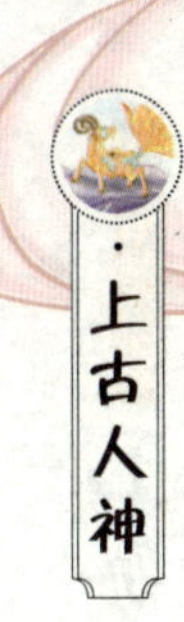

蓐收左耳有蛇，乘着两条龙，他是白帝少昊的手下，是负责秋天丰收的秋神和掌管刑罚的天神，也是负责看管“日落”之神。传说虢公睡觉的时候做了一个梦，梦里他在屋内的墙角处看见了一个人，这人长着人脸，却有老虎的爪子和白色的毛发，手里拿着一把大斧子，虢公大惊失色，旋即想要逃跑，没想到那个人却开口说道：“你不要跑，我有话要对你说，天帝有命令，要晋国来攻打你的国家，你且做好准备。”虢公拜倒在地叩首，继而从梦中醒来，但是他不知道是什么意思，就找来了自己的臣子史嚣。史嚣告诉他刚刚梦到的这个人是蓐收，是天上的刑神。虢公听后不以为然，反而命人把史嚣关了起来，还自认为自己做了一个好梦，与自己的子民庆贺。过了六年，晋国就攻打了虢国，虢国覆灭。

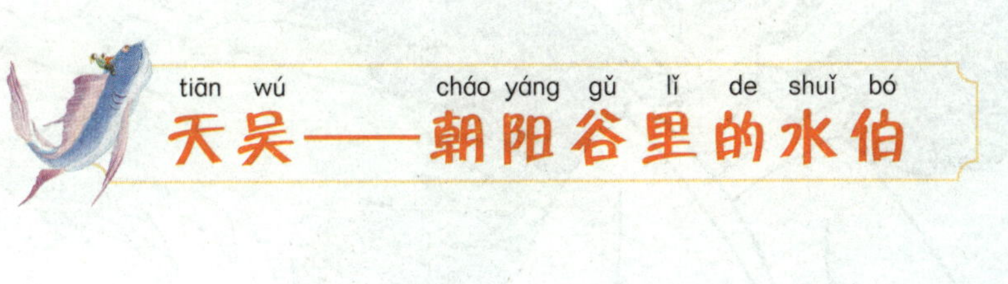

tiān wú cháo yáng gǔ lǐ de shuǐ bó
天吴——朝阳谷里的水伯

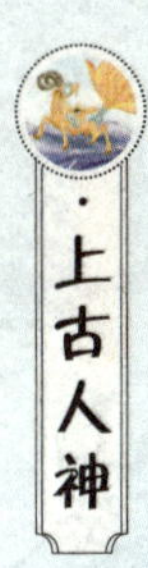

天吴人面虎身，这与吴人的狩猎生活密切相关。吴人以狩猎为生，而虎为百兽之王，因此，吴人崇拜一种似虎的动物，以虞为图腾。为什么《山海经》中又说天吴是水伯水神呢？这中间隐藏着重大的历史变迁，就是远古吴人向东南海滨的大规模迁徙。

吴人属于炎黄族系，最初居住在今山西、陕西一带。人过留名，雁过留声，吴人在这一带留下了许多以“吴”或“虞”命名的地名，如吴山、虞山、虞城等。大约在炎黄之世，随着炎帝族系和黄帝部族的向东扩展，吴人也被迫大规模东迁，到尧舜之世，吴人已有许多支系都迁徙到东南海滨长江三角洲一带。这样，吴人告别了茂密的原始森林和剑齿虎，而开始征服波涛滚滚的大海。那原来保佑子孙狩猎时多有所获的族神天吴，这个时候当然就又得变成保护吴人子孙在与江湖大海打交道时平安、丰收的水伯了。

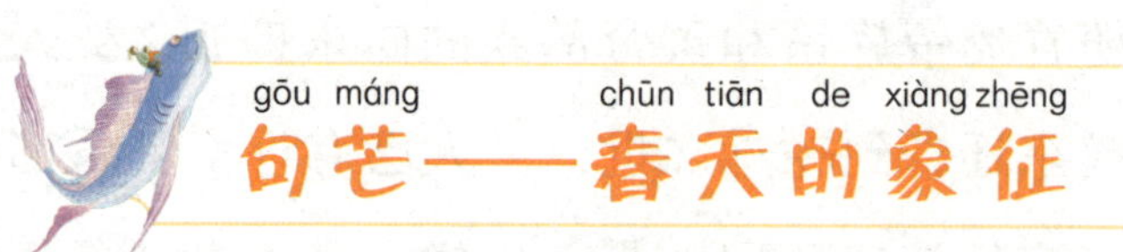

gōu máng chūn tiān de xiàng zhēng
句芒——春天的象征

句芒是木神，掌管着春季花草树木等万物的生长。他乘着两条龙在空中飞行，有时候也会来到大地上，降落在林梢、山间，巡视着人间。远远地望过去，你会以为是一只大鸟，走近了看，才发现原来他只是身子像鸟，单看脸的话，和人是差不多的，四四方方的面庞，只是双目没有黑眼珠。他穿着白色的衣服，衣袖、衣领等边缘处镶着黑红色的边，手里拿着象征着天地间万物法则的圆规。除了给花草树木、飞禽走兽带来生机，句芒也掌管人类的生命。例如，他曾经赐予秦穆公寿命，使得秦穆公可以延寿十九年。有一天，秦穆公在宗庙（祭祀祖先之处）里见到一个人面鸟身的神从门外进来，进门之后就走到了东侧，秦穆公并不认识句芒神，十分惊慌，立刻起身要逃。这时，神叫住他，让他无需慌张，因为他不但不会做出对秦穆公不利的事，反而会赐予他十九年的寿命。那么，神为何要为秦穆公延寿呢？原来，天帝认为秦穆公德才兼备，敬奉神明十分虔诚，把国家治理得井井有条，给人们带来了安定的生活。

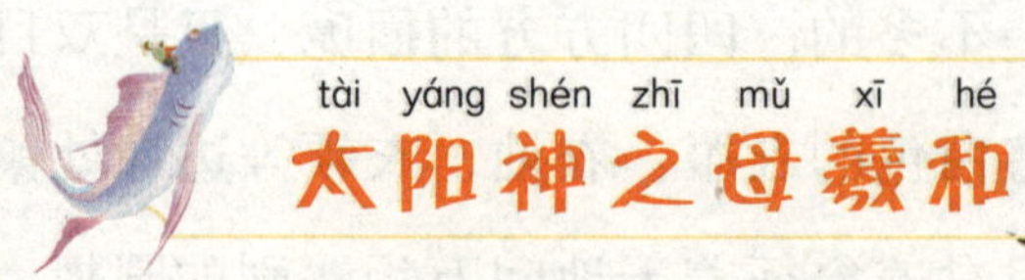

tài yáng shén zhī mǔ xī hé
太阳神之母羲和

在大荒当中，有座山名叫天台山，海水从南边流进这座山中。在东海之外，甘水之间，有个羲和国。这里有个叫羲和的女子，正在甘渊中给太阳洗澡。她是人类光明的缔造者，是太阳崇拜中至高无上的神。这个女子是帝俊的妻子，生了十个太阳。

他们住在东方大海的扶桑树上，扶桑树大概有一万米高，十个孩子轮流在天上值日。每个孩子在值日前，羲和都会亲自驾着六条龙拉着的太阳车，护送孩子们。一个太阳回来了，另一个太阳才会出去，所以人们总是看到一个太阳。孩子们每天回来之后，她就会在汤谷给孩子们洗澡。汤谷中有一棵大树，生长在沸腾的水中，就是他们居住的扶桑树。

因为每天都要轮流值班，十个孩子有些腻了，不愿意事事都顺从母亲的安排。有一天早上，十个太阳突然一窝蜂地跑出去，也不按照预定的路线走，而是在天空中乱窜。孩子们的胡闹，导致大地非常炎热，地上的庄稼都旱死了，

湖泊里面的水也干涸了。后来，便有了后羿射日的故事，此后，天下便只剩下一个太阳了。

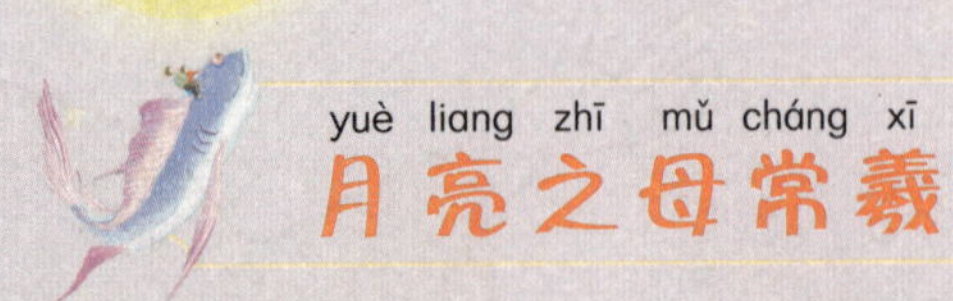

yuè liang zhī mǔ cháng xī
月亮之母常羲

常羲又被称为“月亮之母”，她是帝俊的另一个妻子，与帝俊一共生了十二个女儿，也就是十二月亮。这十二个

姑娘长得一模一样，每一个都有饱满圆润的脸庞。与十个太阳一样，她们也都是轮流值班，不过是一个月轮换一次。每次，常羲也都是亲自驾着马车送她的女儿去值班。每当黑夜降临的时候，月亮便会从天空中发出柔和的光芒，驱除黑暗。

姑娘值班回来，常羲都会带着她去一个隐秘的地方洗澡。因为太害怕别人的窥探，所以并没有透露具体的位置，别人只知道是在大荒西边的原野上面。月亮姑娘们很喜欢打扮自己，每天都会穿不同的衣服，所以每天晚上的月亮都不相同。她们很多时候会在头上戴个头巾，遮住自己的脸蛋儿，于是我们看到的月亮才会有圆有缺。

月亮乖巧听话，总是尽职尽责地完成任务，这样日复一日，年复一年。晴朗的夜晚，在美好的月光下，孩子们能够尽情地玩耍嬉戏，劳累一天的大人们能够安静地休息。还有人盯着天上的月亮，尽情地发挥他们的想象力，吟出美好的诗句或讲述动听的故事。

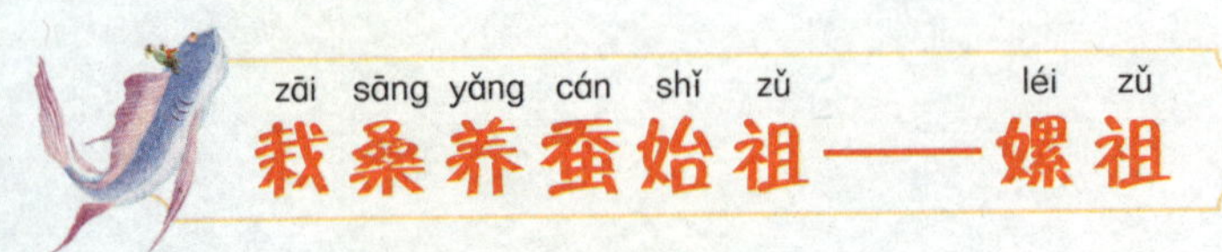

栽桑养蚕始祖——嫘祖

轩辕黄帝元妃嫘祖，是有史籍记载的中华民族伟大的母亲。

嫘祖原名王凤。她自幼聪颖，采果奉亲，发现天虫吐丝结茧，细心观察蚕的生长规律，呕心沥血，首创野蚕家养。

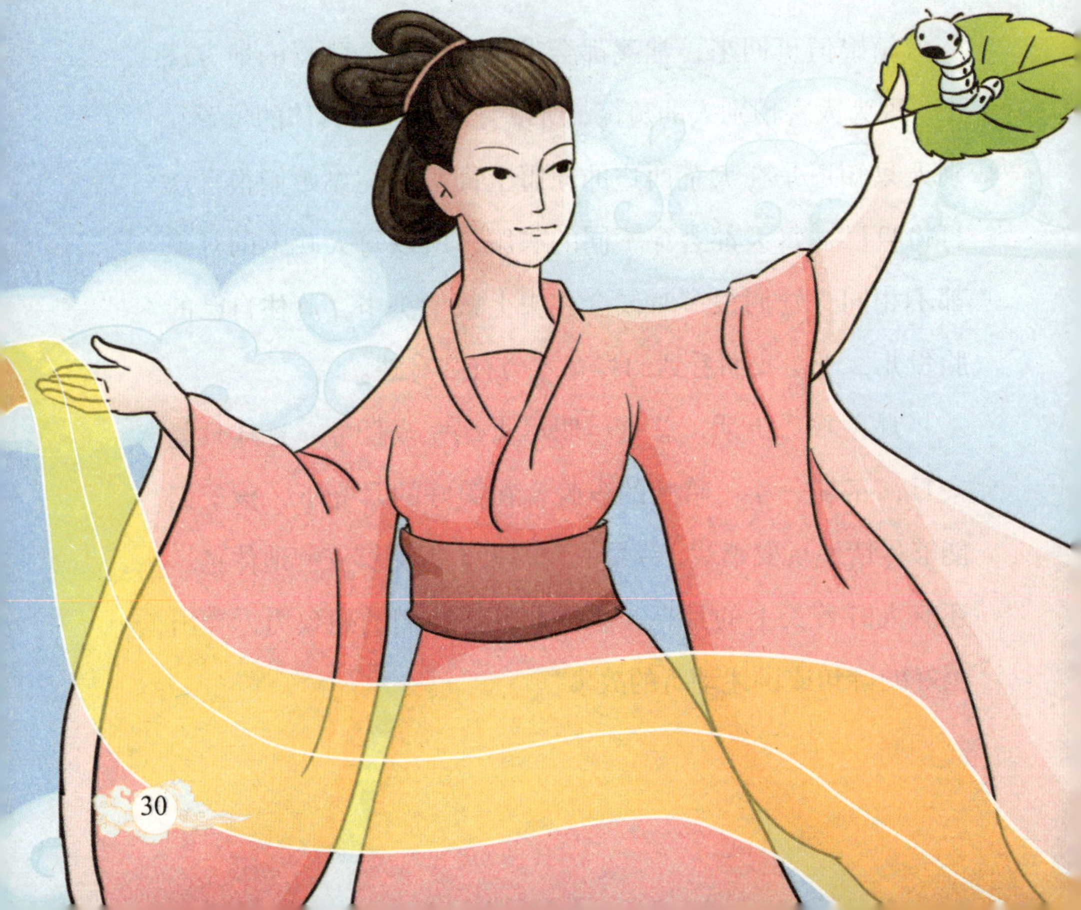

又制丝做衣，使西陵氏人穿绸着帛，而被举为西陵部落酋长。

嫘祖以丝帛进献轩辕，轩辕慕名前来访问，实现了嫘轩联姻，中原与西蜀的联盟，从而建立起了大统一、大团结、大民族、大文化的东方大国。

嫘祖一生辅弼黄帝，协和百族。她随黄帝巡视全国，教民育蚕，历尽千辛万苦，为中华民族鞠躬尽瘁，病逝于南巡道上，遵嘱归葬于金鸡镇青龙山之首，祖墓犹存。

由于嫘祖开辟丝绸文明，功高日月，自周代起就被天子庶民尊奉为“先蚕”,民间尊称为“蚕神”,又被尊为“行神”,爱称为“嫘姑”“丝姑”“蚕姑娘”，历来受到各族人民的无限崇拜。嫘祖“养天虫以吐经纶，始衣裳而福万民”，开启了享誉中外的丝绸之路，泽被天下。

冰夷神——河伯

bīng yí shé hé bó

昆仑山乃圣山，万山之祖，山上更有盘古死后留下的庞大灵力，而冰夷就是冰雪吸收这些庞大的灵力化成的一条庞大的厉害的冰龙，是最早下界的神灵，法力无边。冰夷外形奇特，头部要比普通的龙大上很多，一对龙角艳丽光鲜，身体恍如冰块，晶莹剔透，在夜间飞行时，他反射的月光足以照亮整座山，光辉耀眼，他身体冰冷，凡是路过的河流都会留下长长的冰痕。冰夷也是爪生五趾。冰夷喜欢有冰的地方，据说，在昆仑山的冰川地带有冰夷的瑰丽堂皇的宫殿。

冰夷的地盘很广，主宰大河的广大流域，从昆仑山的冰川一直到渤海沿岸，基本都是由冰夷罩着，其地盘差不多贯穿了中原的北方。据说，冰夷主宰大河的广大流域，被后世认为是河伯。冰夷为数不多的事迹要数冰夷与应龙的神龙之战，双方都是四大神龙之一，但待遇就差很多了。冰夷主宰万里，坐享繁华香火，应龙却四处为人族征战，先是帮黄帝打蚩尤，后来助大禹治洪水。对此应龙表示不服，飞到昆仑山，找碴干架。两条神龙决战于昆仑山巅，顿时电闪雷鸣，狂风暴雨，冰川坍塌，一时间天昏地暗。两条巨龙在昆仑山巅飞舞，不时地传来巨大的声响，震耳欲聋。

应龙呼风唤雨，水淹冰夷。奈何冰夷天生不怕水，将应龙呼唤来的雨水冰冻了起来。应龙顿时无计可施。这一场大战，整整持续了一天一夜，不分胜负。

数天后，有人在河流中发现了一个巨大的冰块，而应龙就被冰封在其中，双目紧闭。有人想要打捞起来，冰块就在此时忽然破碎，应龙破冰而出，随着一声嘹亮的龙吟，应龙钻入云层，消失不见。

水神河伯

shuǐ shén hé bó

在华阴潼乡有个叫冯夷的人，不安心耕种，一心想成仙。他听说人喝上一百天水仙花的汁液，就可化为仙体，于是就到处找水仙花。

大禹治理黄河之前，黄河流到中原，没有固定的河道，到处漫流，经常泛滥成灾。地面上七股八道，沟沟渠渠全是黄河水。这里的水不深，冯夷蹚水过河，到了河中间，突然河水涨了。他一慌，脚下打滑，跌倒在黄河中，活活被淹死。

冯夷死后，一肚子冤屈怨气，咬牙切齿地恨透了黄河，就到玉帝那里去告黄河的状。玉帝听说黄河没人管教，到处横流撒野，危害百姓，也很恼火。他见冯夷已吮吸了九十九天水仙花的汁液，也该成仙了，就问冯夷愿不愿意去当黄河水神，治理黄河。冯夷答应了。

冯夷当了黄河水神，人称河伯。他从来没有做过治水的事儿，一下子担起治理黄河的大任，束手无策，发了愁。咋办呢？自己道行浅，又没什么法宝仙术，只好又去向玉帝讨教办法。玉帝告诉他，要治理好黄河，先要摸清黄河的水情，画个河图，有黄河的水情河图为依据，治理黄河就省事多啦。

河伯按着玉帝的指点，一心要画个河图，他先到了自己的老家，说服乡亲们帮忙。

查水情，画河图，是个苦差事。等河伯把河图画好，已年老体弱了。河伯看着河图，黄河哪里深，哪里浅；哪里好冲堤，哪里易决口；哪里该挖，哪里该堵；哪里能断水，哪里可排洪，画得一清二楚。到了大禹出来治水的时候，河伯决定把黄河河图授给他。

这一天，河伯听说大禹带着开山斧、避水剑来到黄河边，他就带着河图从水底出来，寻找大禹。河伯和大禹没见过面，谁也不认识谁。河伯走了半天，累得正想歇一歇，

看见河对岸走着一个年轻女人，婀娜多姿，想必是大禹妃子，河伯就喊着问起来："你是谁？"

对岸的年轻女人不是大禹妃子，是应龙。她抬头一看，河对岸一个仙风道骨的老人在喊，就问道：“你是谁？”

河伯高声说：“我是河伯。你是大禹的妃子吗？”

应龙一听是河伯，顿时怒冲心头，冷笑一声，说：“我就是大禹的妃子。”说着张弓搭箭，不问青红皂白，“嗖”的一箭，射中河伯右眼。河伯拔箭捂眼，疼得直流虚汗。心里骂道：“混账大禹，他的妃子好不讲道理！”他越想越气，就去撕那幅河图。正在这时，应龙显现真身，变作一条黄龙，以其神速从河伯手中夺得了河图。

大禹在岸边把河伯画图的艰辛大声喊了出来，应龙才后悔自己不仅冒失莽撞，射瞎了河伯的右眼，甚至还想直接打杀了河伯。

应龙随大禹一同蹚过河。应龙向河伯承认了过错。河伯知道了年轻女人是应龙，心中惊惧，所幸河伯并无怪罪。

大禹对河伯说："我是大禹，特地来找你求教治理黄河的办法哩。"

河伯说："我的心血和治河办法都在这张图上，现在授给你吧。"

大禹接过河图，展图一看，图上密密麻麻，圈圈点点，把黄河上上下下、左左右右的水情画得一清二楚。大禹高兴极啦。他要谢谢河伯，一抬头，河伯跃进黄河早没影了。

大禹得了黄河河图，日夜不停，根据图上的指点，终于治好了黄河。

jiāo chóng　　guǎn lǐ fēng lèi de shān shén
骄虫——管理蜂类的山神

骄虫，《山海经》中记载：山中有一山神，像人却长着两个脑袋，叫作骄虫，是所有螫虫的首领，也是一切蜂类动物的归宿之处。祭祀这位山神，用一只公鸡作祭品，在祈祷后放掉而不杀。

相传，当年大禹治水时，途经一座奇山。山上群蜂遮天，

连绵不绝，竟然寻不到一个落脚地。当地人说，这座山叫作平逢山，一直以来都是群蜂漫天，谁也不知道从什么时候有的。于是大禹就带着众人去消灭蜂群，谁知道蜂群无边无际，灭不胜灭，反倒是众人都被蜇得鼻青脸肿，叫苦连天。

过不了平逢山，大禹不知如何是好。这时邻山上的旋龟告诉大禹："这座山的山神，名叫骄虫，是个双头怪神，专管世间蜜蜂之类，因此这里才会有这么多蜂。"大禹问："可以叫他过来谈一谈吗？"旋龟回答："恐怕他不愿意，他性格太傲，我跟他是多年的邻居，他都从来没有理过我。"

正好西王母的使者三青鸟路过此处，于是大禹就请三青鸟去洽谈。骄虫看在西王母的面子上，终于放众人过山。此后，凡有人到平逢山上去，都会先用一只活的雄鸡祭拜骄虫神，祈祷他为人们消除灾祸，免受蜜蜂、螫虫之苦。

wáng hài kāi chuàng le mào yì xiān hé
王亥——开创了贸易先河

王亥在历史上是非常重要的一个人物，他所处的时代是夏末商初，是商国的第七任首领，据说商王祖先本是东夷，自认黄帝为祖。而王亥在成为首领之后，开始在商丘驭牛驯马，发展生产，用牛车拉着货物去往别的部落开展交易，使得农业得以迅速发展。同时王亥也开创了商业贸易的先河，人们将王亥尊称为“华商始祖”以及“中斌财神”。随着农业和畜牧业的发展，商朝逐渐强大，各种东西的产出都有富余，于是王亥和部落里的人一同，驱驾着拉有货物的牛车去往别的部落做交易，这是古代商业贸易的雏形，其他部落的人便称呼他们为“商人”，这也是“商人”一词的来源。而王亥则是被人们尊为商人的始祖。

殷商甲骨卜辞当中尊称王亥为“高祖王亥”。王亥帮

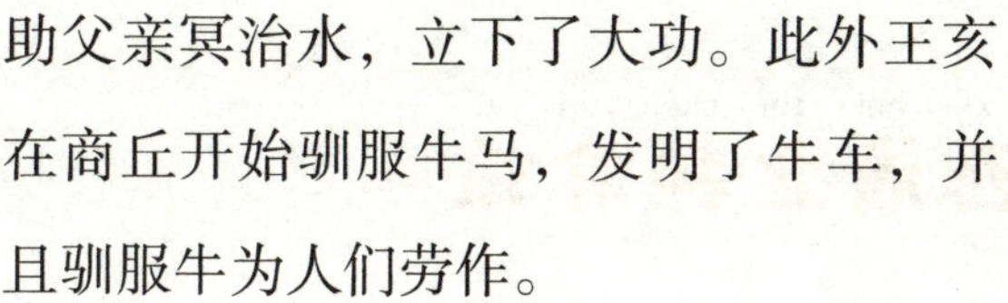

助父亲冥治水，立下了大功。此外王亥在商丘开始驯服牛马，发明了牛车，并且驯服牛为人们劳作。

据说后来王亥带着大批的牛车以及货物，一路行商到了河北易水一带，当地有易氏部落的首领见财起意，于是假装热情招待王亥，趁其晚上睡觉时将其杀害，夺走了王亥的财物。

王亥在商朝人的心目当中有着很大的神威，人们用祭天的礼节来祭祀王亥，用以祈祷风调雨顺。

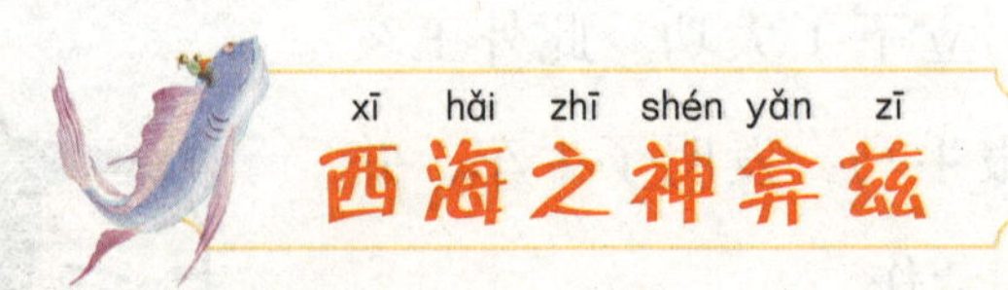

xī hǎi zhī shén yǎn zī
西海之神弇兹

弇兹，中国神话中西方之神，她影响了华夏上古历史，被黄帝尊为老师，地位堪比女娲。弇兹还是一位战争女神，她帮助黄帝打败了蚩尤，被封为西海之神。

风姓是华夏第一个姓氏，传说弇兹的部落以玄鸟为图腾，与后世商朝“天命玄鸟，降而生商”的神话故事也有联系。

首先，弇兹发明了绳索制作工艺。在古文里，弇兹的意思是“搓麻绳”。根据民间神话传说，弇兹在旧石器时代早期，也就是距今三万年前，率先发明了树皮绳索。其中，单股绳为“玄”，双股绳为“兹”，三股绳为“索”。她被推举为女首领，其部落因此得名“弇兹氏”。

绳索的发明改进了捕鱼和狩猎工具，使“结绳记事”成为可能，也为汉字的创立打下了基础。因此，这位上古女神被尊称为“玄女”或“织女”。中国神话里许多美丽的传说都离不开织女星，织女星就是以弇兹命名的。

弇兹与燧人结合，创立了婚姻联盟制度。在上古时期，燧人氏和弇兹氏都生活在昆仑山附近，燧人氏发明了“钻

木取火”，弇兹氏发明了“结绳记事”，两个部落通婚结为联盟。弇兹氏与燧人氏联盟以后，成为华夏大地最为强大的部落，为华夏民族的确立奠定了基础。弇兹还是一位海神。《大荒西经》记载，黄帝封弇兹为西海之神，弇兹的形象是“人面鸟身”，脚踩两条红蛇，耳下悬挂两条青蛇。《山海经》里的西海可能就是今天的青海湖，可见弇兹氏是生活在华夏西部的部落。

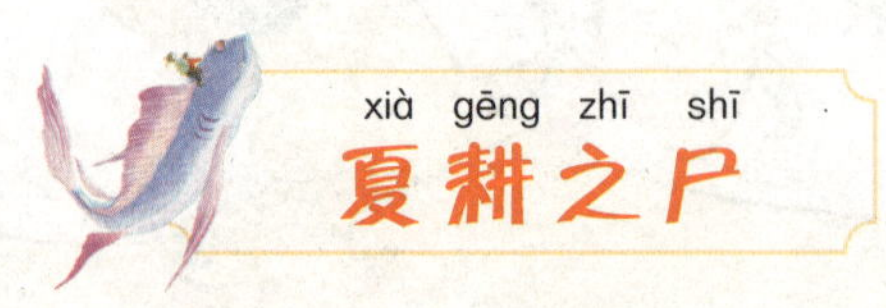

xià gēng zhī shī
夏耕之尸

有个人没有脑袋，操着戈与盾站着，名字叫作夏耕之尸。古时候成汤在章山讨伐夏桀，打败了他，并把夏耕斩首于他的面前。夏耕依然站着，没有了脑袋后，畏罪潜逃而后倒在了巫山。夏耕是在商汤讨伐夏桀的战斗中被砍头的，所以应该是从属于夏桀政权的部落首领。其实，他的名字"夏耕"也透露了这种关系，可能是兼管夏政权农业生产的首领。在商汤灭夏桀的过程中，章山一战，中原地区有一部分被夏桀集团裹挟参战的农耕部落，在其首领夏桀被打败杀死之后，败北之时为逃避罪责，便径直逃向了巫山地区。并在此间长期定居下来。而他们在此每逢祭祀之时，身为夏朝遗民，便会采用之前"立尸祭灵"的做法，以此表明不忘先主杀身之仇。

鱼妇 (yú fù)

有一种鱼，半身偏枯，一半是人形，一半是鱼体，名叫鱼妇。据说是颛顼死而复苏变化成的。颛顼是昌意之子，在他死去的时候，刚巧大风从北面吹来，海水被风吹得奔流，蛇就变成了鱼。已经死去的颛顼便趁着蛇即将变成鱼而未定型的时候，托体到鱼的躯体中，为此死而复生。后来人们就把这种和颛顼结合在一起的鱼叫作鱼妇。鱼妇在当时是一种鱼的图腾。颛顼的后代也是一样的。鲧是大禹的父亲。大禹的族群也与鱼的图腾有着特殊的感情，当时大禹治水是靠鱼贡献的图纸，这也反映了大禹与鱼的关系，所以看来鱼妇也是古代部落的一种图腾。

yú ér bāng zhù yú gōng yí shān
于儿——帮助愚公移山

于儿是夫夫山的山神，也是山川一体神，其形貌是人的身子，手上握着两条蛇。他常游玩于江水渊潭中，身上会发出耀眼的光彩。夫夫山上蕴藏着大量黄金，山下遍布着色彩艳丽的石青、雄黄。山中草木茂盛，桑树、楮树遮天蔽日，郁郁葱葱，树下簇拥着低矮的竹林，还有成片的鸡谷草，像毯子一样铺在林

中的空地上，十分美丽。

传说愚公因为太行、王屋二山挡路，发誓要挖平两座山。于儿知道后，就将这件事禀告了天帝。天帝大为感动，就派了两位神仙背走了那两座大山，一座山放在朔东，一座山放在雍南。

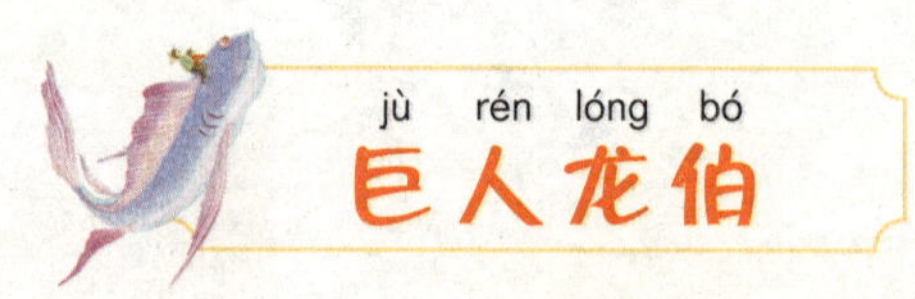

jù rén lóng bó
巨人龙伯

昆仑山的北面，有一个龙伯国，龙伯国的国民是世界上最庞大的巨人，能活一万八千岁。国王龙伯最开始时跟朴父差不多，他居住在海边，平时抓鲸鱼当食物吃。一天，他闲得无聊，决心四处走走。他几步跨过昆仑山，再走几步，走入渤海，海水还没不过他的膝盖呢！巨人涉过渤海，又再往前走，他来到归墟边，一屁股坐到海边的高山上，他折下望天树做钓鱼竿，捞了一条鲸鲨做鱼饵，悠闲自在地垂钓起来，最后竟然钓了五只巨龟。巨人把乌龟放入背袋，又再捞起一条鲸鲨当鱼饵，不一会儿，又钓上来一只乌龟。就这么着，他一共钓上来六只乌龟。

龙伯喜滋滋背了六只乌龟回到龙伯国，把六只龟放入大锅煮熟，吃了一顿美味的晚餐。其实这其中的五只巨龟是背负岱舆、员峤、方丈、瀛洲、蓬莱等五座仙山的灵龟。失去了灵龟的背负，五座仙山在海上四处漂荡。天神费了好大劲才把这五座仙山固定住，天神一怒之下，就把龙伯的身高缩小到了三十丈。

nǚ chǒu bào shài xià de shī tǐ
女丑——暴晒下的尸体

《山海经》中提及的“女丑”应该是古代的女巫，这个女巫神通广大，经常骑着独角龙鱼巡行在九州的原野上，这龙鱼又叫作鳖鱼，要比娃娃鱼大得多。此外，她还有一只大蟹，这大蟹生长在北海，它那脊背有千里宽广，也是随时听候女丑的役使和差遣。有一年，国家遭遇了千年一遇的旱灾，为了向上天求雨，人们采取了“暴巫”这一方式，被暴的人就是刚刚出生的小女巫——女丑。可是谁也没想到，

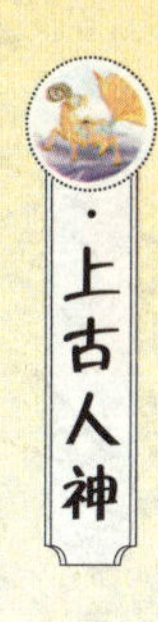

这次暴巫不但没有像往常一样求来甘霖，反而求来了十个太阳，旱灾反倒更严重了，百姓越来越难以生存，作为部落首领的帝尧，就派出他手下的神箭手后羿，射下来九个太阳，才让世间恢复了正常秩序。

yìng lóng néng hū fēng huàn yǔ de gōng chén
应龙——能呼风唤雨的功臣

以黄帝为首的黄河流域部落与以蚩尤为首的长江流域部落发生战争，双方都使用各种神奇的动物来帮忙。黄帝这边的应龙擅长“蓄洪贮水”，蚩尤那方也有擅长呼风唤雨之灵物，本领较应龙更胜一筹，大雨飘向黄帝这边。黄帝处于弱势，就请天女“魃”帮忙止住了大雨，一举歼灭蚩尤部落。应龙在战争中立下汗马功劳，杀了蚩尤和夸父。由于战争消耗能量过大，应龙再也无力振翅飞归天庭，就悄然来到南方蛰居在山泽里。龙属水性，所居之地，云气水分自然会聚起来，这就是南方多雨的缘故。许多年后，应龙复出，助大禹探水脉，开江河，成为治水功臣之一。

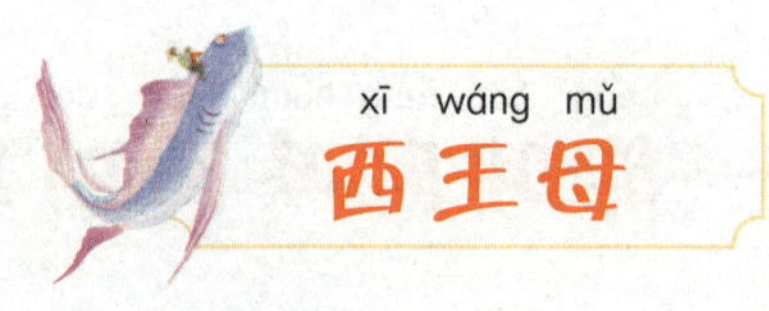

xī wáng mǔ 西王母

《山海经》中描述，嬴母山再往西三百五十里，就到了玉山，这是西王母居住的地方。玉山中还栖息有一种野兽，其形状像普通的狗，身上长着豹子的斑纹，头上还长着一对牛角，名称是狡，它吼叫起来如同狗叫。山中还有种鸟，形状像野鸡，通身长着红色的羽毛，名叫胜遇，是一种能吃鱼的水鸟，它的叫声如同鹿鸣，是水灾的象征。西王母的形貌与人很像，却长着豹一样的尾巴和老虎一样的牙齿，而且喜好啸叫，她蓬松的头发上戴着玉胜，相貌十分怪异。西王母是女仙之首，是主宰阴气、修仙的女神，是生育万物的创世女神，也是掌管瘟疫和刑杀的天神。传说东方天帝帝俊有十个太阳儿子，他们非常顽劣，常常一起出现在天空，烤得大地禾苗不生，百姓叫苦连连。神人后羿带着妻子嫦娥来到人间，看到民不聊生的情况，便拉开神弓射下了九个太阳，使人间又恢复了生机。可因射死了帝俊的九个儿子，后羿和妻子嫦娥被贬下了凡间，不允许再踏上

天庭。嫦娥惧怕人间生老病死，就让后羿到西王母那里求取不死灵药，以求长生不死。后羿到了玉山后，西王母非常慷慨地给了后羿两份由不死树的果实炼成的不死药，结果两份灵药都被嫦娥偷吃，嫦娥也因此飞上了月宫。

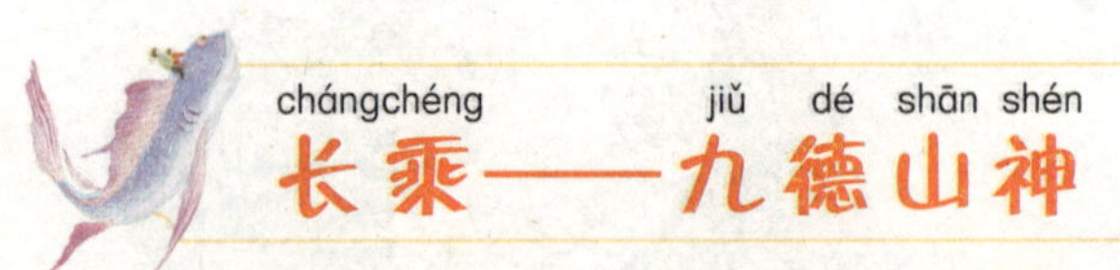

chángchéng jiǔ dé shān shén
长乘——九德山神

在昆仑山的西侧有另一座山，叫嬴母山，而长乘便是此山的掌管者。长乘神，长得像人，却有一条豹子的尾巴。长乘来头很大，是上天九德之气汇聚所生，具备九德之身。所谓的“九德”，就是“忠、信、敬、刚、柔、和、固、贞、顺”九种优良的品质。

长乘虽然具有九德之身，但地位却不是很高，实际职务只是嬴母山的山神。

这其实是由于长乘生性淡泊，不愿意争权夺利的缘故。长乘身具九德，又不吝赐福给大众，因此他在凡间有着极大的威望。

相传，大禹在治水期间，路

过嬴母山就去拜会长乘。长乘认为大禹很给他面子，就用嬴母山的特产美玉制作了一个玄圭，给了大禹。玄圭俗称黑玉书，是大禹治水非常重要的一个法宝，仅次于大禹在洛水上得到的神龟所驮的《洛书》。

lǎo tóng de chuán shuō
老童的传说

瑰山上到处都是美玉，一块杂石也没有，天神耆童就生活在这里。耆童即老童，是颛顼之子，黄帝的玄孙，死后被奉为神。

少昊执政后期，国势衰微，朝纲混乱，人神混杂而居，十分混乱。少昊死后，他的侄儿颛顼继位，共工与其争帝位，不胜而发怒，撞倒了不周山。从此，天地不再相通，人神也不再混居。接着，颛顼就任命耆童的儿子南正重主管天，另一个儿子火正黎（也就是火神祝融）主管地，才恢复了正常的天地秩序。

其实，所谓管天，主要是祭祀上天、观察天象和修订历法。南正重是颛顼的孙子、耆童的儿子，接管了这个职务。所谓管地，其实就是管火历。进入秋天，大家就在火正黎的带领下，把火种收起来，进行祭祀，答谢上天赐予粮食。这就是历史上指导先民耕种的"火历"。火正黎正是掌管这个历法的人。

耆童有一个孙子，就是火正黎的儿子太子长琴。相传太子长琴出生时怀抱着一把小琴，天地都为之欢唱。长大后的太子长琴精于乐道，被称为中国的"乐神"。

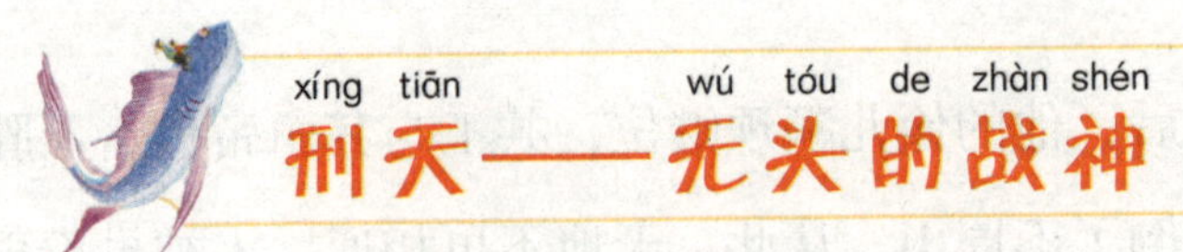

xíng tiān wú tóu de zhàn shén
刑天——无头的战神

刑天是炎帝手下的一位大臣，他平生酷爱音乐，曾为炎帝创作乐曲《扶犁》、诗歌《丰收》等，以歌颂当时人民幸福快乐的生活。

后来黄帝称霸中原，刑天不服，非要去与黄帝争个高低。但是刑天不是黄帝的对手，几个回合下来，头就被黄帝给砍掉了。刑天一摸脖子，没有了头颅，心里很是发慌，忙将右手的板斧移到握盾的左手中，蹲下身在地上乱摸。周围的大山小岭都被他摸了个遍，那参天的大树、突兀的岩石，在他的巨手下都被折断了，弄得到处烟尘弥漫，木石横飞。

黄帝担心刑天摸到头颅后，再放到脖子上面合拢起来，便举起宝剑向着大山这么一劈，“哗啦”一声，大山一分为二，刑天的头颅“骨碌碌”地滚入山中，大山又合二为一了。正蹲在地面上摸索着头颅的刑天突然站起身来，一只手移着大板斧，一只手拿着那面盾，向着天空胡乱挥舞，继续和眼前看不见的敌人拼死决斗。

此后，他成了一位无头天神，以上半身为脸，双乳为目，肚脐为口，络腮胡须，面带笑容。古代有一种叫作“干戚”的舞蹈，其中就有模仿刑天的这一形象，借此表现不屈不挠的战斗精神。

白帝少昊——百鸟首领

bái dì shào hào —— bǎi niǎo shǒu lǐng

白帝少昊是三皇五帝之一，中国神话中的西方上帝，是黄帝长子，母亲为嫘祖。少昊是远古时代华夏部落联盟首领，同时也是早期东夷族的首领，定都于今山东省莒（jǔ）县，后迁都于今山东省曲阜市。传说他的部族以玄鸟（燕子）为图腾，娶妻凤鸿氏之后改以凤凰为图腾。在他的部落里诞生了原始的凤文化，成为中华民族的图腾之一。在少昊降生的时候，天上飞来五只凤凰，颜色各异，是按五方的颜色红、黄、青、白、玄而生成的，飞落在少昊氏的院里，因此他又称为凤鸟氏。少昊在父黄帝和母嫘祖精心培育下，具有神奇的禀赋和超凡的本领。少年即被黄帝送到东夷部落联盟里最大部落凤鸿氏部落里历练，并娶凤鸿氏之女为妻，成为凤鸿部落的首领，后又成为整个东夷部落的首领。他先在东海之滨建立一个国家，并且建立了一套奇异的制度：以各种各样的鸟儿作为文武百官。具体的分工则是根据不同鸟类的特点来进行。凤凰总管百鸟，然后再由燕子掌管春天，伯劳掌管夏天，鹦雀掌管秋天，锦鸡掌管冬天。

除此之外，他又派另外五种鸟来管理日常事务。

竖亥——测量鼻祖

我们都知道度量衡是指在日常生活中用于计量物体长度、容积、重量的统称。随着社会的发展，我们测量度量衡的工具也在不断发展，但是大家知道我国最早发明了测量工具的人是谁吗？他就是被称为中华“测量鼻祖”的竖亥。

竖亥，中国上古神之一，在中国神话传说中，竖亥是一个步子极大、特别能走的人物。

传说天帝命令竖亥用脚步测量大地，竖亥右手拿着算筹，左手指着青丘国的北面。从最东端走到最西端，是五亿零十万九千八百步。

虞舜后期，舜之重臣竖亥奉命丈量国土疆域，竖亥率领专门人员踏遍了中华大地，进行了较精确的测量，他们在测量时，发明了测量土地的步尺，为华夏民族的计量学创造了测量仪器——步尺，以及量度的基本单位尺、丈、里等，当为华夏量度制作鼻祖。

zhú yīn néng biàn huàn yīn yáng sì jì
烛阴——能变换阴阳四季

烛阴又名烛龙，钟山的山神，是上古创世神之一。

传说烛龙是一位能变换阴阳四季的神人。只要他一睁开眼，黑暗的长夜就变成了白昼；他的眼睛一闭，白天就变回了黑夜。他吹口气，马上就进入大雪纷飞的冬季；他轻轻哈气，就到了烈日炎炎的夏天。他屏息时，风和日丽；呼吸的时候，飞沙走石。所以，他常常蜷缩着，不吃饭，不喝水，不睡觉，不呼吸。又传说，在大地混沌未开的时候，他口含“火精”来到天宫，在北方幽暗的天门中高高举起“火精”，亮光刹那间照亮了大地，一直照入阴暗的九泉之下。所以，人们又把烛龙叫作开辟神，是和盘古齐名的创世之神。

hòu yì shè rì

后羿射日

相传后羿生来就有射箭的本领，长大后更是臂力惊人，箭法超群。在尧帝时代，有十只金乌，同时各驮着一个太阳，齐刷刷地飞上了天空，天上同时出现十个太阳，强烈的阳光烤焦了大地，庄稼枯死了，甚至连石头都快要熔化了，海水如同开水一样沸腾起来。人们在灼热的阳光下几乎喘不过气来，凶狠的毒蛇野兽乘机出来残害人类。后羿十分同情处于痛苦煎熬中的民众，决心冒着生命危险，为民除害。这位擅长射箭的好汉，选择一处高地，张弓搭箭，对准天空一箭射去，只听“轰隆”一声巨响，一个太阳被射中了。后羿一连射了九箭，九个太阳一个个地掉落下来。当他还想再射时，突然想到，如果没有太阳，大地将一片黑暗，人类难以生存，便留下最后一个太阳，让它发光发热，造福人类。

pān yú shǐ zuò zhōu 番禺始作舟

黄帝的曾孙番禺第一个发明了船。因为那时候还没有船。据说番禺之所以发明了船，是因为有一次他跟伙伴们在河里游泳时，看到在水中漂移的木板得到启示，他认为如果在树干里面挖一个洞，那人不就可以坐在里面吗？这可以说是船最早的一个模样，他还给它命名为“船”。就这样有了船的发明。之后，番禺又在这个基础上发明了船桨还有船篙，番禺成了船的发明始祖。

没有发明船的时候，人们想要过河，只能在靠近岸边、水浅的地方蹚水。江对岸有亲戚的人家，要绕很远的路，花上半个月的时间才能走到。

番禺擅长游泳，他想如果人在江中，也能像在平地上一样自由自在走路就好了，那大江里的鱼捕都捕不完，人们会过上越来越好的生活。

他尝试抱着树枝或粗树干，漂浮在水里，但江中浪太大，差点把他掀入深水中。番禺不甘心，他又找来粗树干挖空，做成独木舟，他想独木舟越大，人在江中越安全，可以到达的地方就越远。怎样把独木舟造得更大一些呢？他把树枝捆成一扎，做成木筏。番禺趴在木筱上，用手划水，但速度太慢。后来他改成坐在木筏上，用两块长木板划水。他无数次地练习控制木筏的速度和方向，木筏这才在江中漂流得渐渐平稳。大家看木筏很安全，都乘着木筏在江中捕鱼，真的是比以前方便多了。

番禺不断改进自己的造船技术，他找来木材，把它们分成一块一块的木板，又用木楔把木板钉成独木舟的形状，还做了又宽又长的木桨。番禺把它称作船。就这样，番禺发明了船，人们可用来捕鱼，也可以用来当作交通工具，极大地改善了人们的生活。

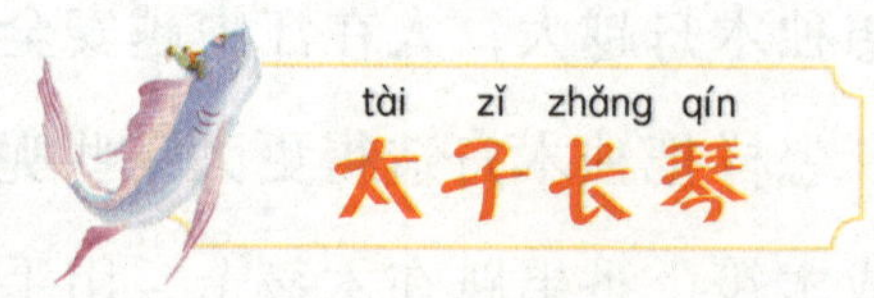

tài zǐ zhǎng qín
太子长琴

西北海海外，有一个国家叫作北狄国。北狄国是黄帝的孙子均始繁衍的后代建立的。这里有芒山、桂山、榣山。在榣山上有一个人，名叫太子长琴。太子长琴是祝融的儿子。他在榣山上快乐生活，创作出各种动人的乐曲，并且广为流传到人间。

东海以外，有一条大山谷，据说那是少昊帝建国的地方。少昊在这里抚养颛顼长大。颛顼成年之前，就玩过一把琴，留在这个山谷里。老童是古代中国神话中的神名，颛顼的儿子，是音乐爱好者。他能唱善歌，所以后人，以名为姓，由此产生童姓。

按照基因学来分析，太子长琴有音乐天赋也是情理之中。传说太子长琴精于乐道，能使五色鸟舞于庭中。其实琴是他的武器，就像火是祝融的武器一样。太子长琴的琴有五十弦，每弹动一根则威力加大一倍，五十根齐奏，则万物凋零，天地重归混沌。

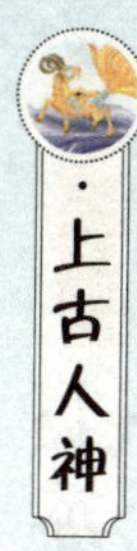

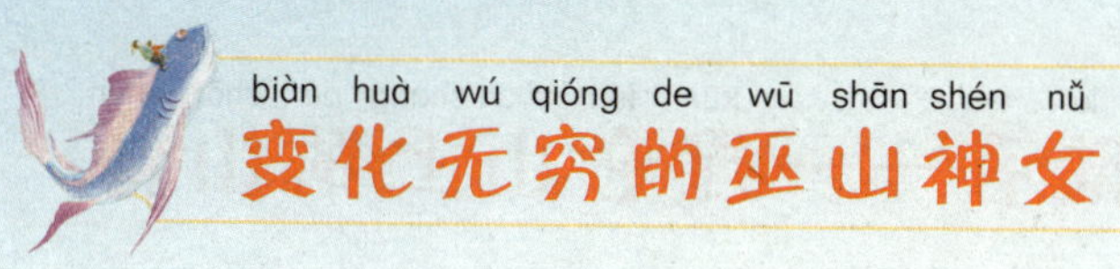

biàn huà wú qióng de wū shān shén nǚ
变化无穷的巫山神女

巫山神女名叫瑶姬，为炎帝之女，住在天上的瑶池宫里。她自幼跟三元仙君学道，有一身变化无穷的仙术。后来，她被封为云华夫人，专司教导仙童玉女之职。她未嫁而死，葬于巫山之阳，因而为神，精魂化为灵芝。

瑶姬喜欢游玩。一日，她来到巫山上空，不禁为其秀美的景色吸引。不料，有十二条蛟龙正在此兴风作浪，使当地云雨茫茫。瑶姬决心为人间除去恶龙。于是她手指蛟龙，施展法术。但闻惊雷滚滚，地动山摇。风平浪静后，十二条蛟龙已然化作了十二座大山。

这十二座大山堵住了巫峡，壅塞了长江，四周汪洋一片。为了治理水患，人间司职治水的大禹赶到此地。然而，这里山势高、水势急，治水十分不容易。大禹日夜忧愁。

瑶姬为大禹治水的精神所感动，便派侍女传授给他一些法术。同时，还派六位侍臣，施展仙术，疏导了三峡水道，让洪水畅通东海。大禹十分感谢神女瑶姬的帮助，就登上巫山，当面致谢。

陆吾——昆仑山上的山神

lù wú kūn lún shān shang de shān shén

《山海经·西次三经》记载："昆仑之丘，是实惟帝之下都。神陆吾司之。"陆吾的样貌太神奇，体态怪异，像虎长着虎尾。它特大的身躯十分雄壮，足有九十九只老虎那么大，他又有九条尾巴，面部却长得很像人。陆吾的位次较高，除了掌管天界九个区域的界线，天帝的苑圃、悬圃的时令与节气，也归他管，堪称是天帝的大管家。陆吾的身边，有着六个头的树鸟，以及蛟龙、大蛇、豹子，还有连名字都说不清楚的各种植物、动物等。

陆吾立在昆仑山上遥望东方，似乎在监护着什么。人常说，做事须得认真。陆吾神办事谨慎，小错不遮不盖，称得起是掌管"帝之下都的第一天神"，又被称作开明兽，本是黄帝都城昆仑丘的守卫。他把自己化装成老虎的样子，这样便可以获得老虎的威严和力量。

禺(yú)猇(hào)——东(dōng)海(hǎi)之(zhī)神(shén)

在东海的岛屿上，住着一位天神，他长着人的面孔、鸟的身子，耳朵上挂着两条黄蛇，脚底下也踩着两条黄蛇，他的名字叫禺猇。禺猇是黄帝的儿子，是东海海神。

炎帝有一个小女儿，叫女娃，生得十分乖巧，炎帝视她为掌上明珠。一天女娃去东海游玩，一个人驾着小船向太阳升起的地方划去。

这时刚刚睡醒的海神禺猇，伸了个懒腰，原本平静的海面瞬间翻起滔天巨浪，把女娃的小船打翻了。女娃不幸溺水身亡。

女娃不甘心就这样死去，她的灵魂变成一只小鸟，名叫“精卫”。她痛恨无情的海浪吞没了自己，又想到别人也可能会被海浪夺去生命，因此不断地从西山衔来一根根

小树枝、一颗颗小石头，丢进海里，想要把大海填平。

后来，这件事被天帝知道了，天帝被精卫的精神所感动，就帮助她填出了很多陆地。据说山东半岛和辽东半岛就是这么来的。

帝俊

dì jùn

帝俊是中国神话中的上古天帝，不是玉帝。帝俊有三位妻子，分别是太阳女神羲和、月亮女神常羲以及娥皇。羲和住在东方海外的甘渊，生了十个太阳；常羲住在西方的荒野，生了十二个月亮；娥皇住在南方荒野，生了三身国的先祖。这位先祖一个头三条身子，传下来的子孙也都是这般模样。三身国的人就是他们的后裔。三身国的人姓姚，以黄米为食，能驱使四种野兽。地面上的很多国家也都是由他的子孙建立。驯服牛羊带来百谷的西周国，还有中容国、司幽国、白民国、黑齿国……每一个国家都是一个奇异的地方。帝俊的子孙个个聪明能干，才智出众。船舶、琴瑟等很多东西都是他们发明制造出来的。

帝俊时常从天上降下来，和喜欢舞蹈的五彩鸟交朋友，帝俊的两座祭坛，就是由这些五彩鸟管理的。在北方的荒野，有一座帝俊的竹林，斩下竹的一节，剖开来就可以做船。

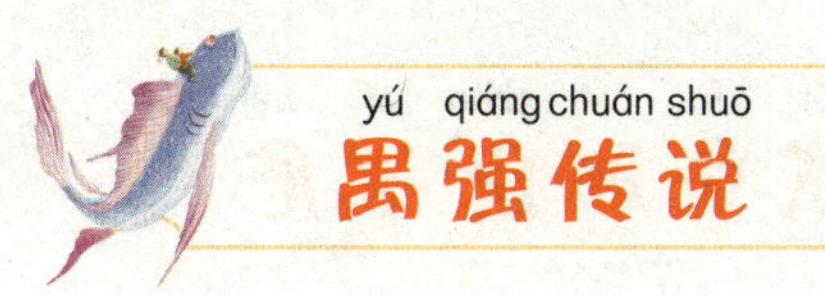

yú qiáng chuán shuō

禺强传说

禺强统治北海，是古代中国传说中的海神、风神和瘟神，是黄帝之孙。他身体象鱼，形象为人面鸟身，但是有人的手足，两耳各悬一条青蛇，脚踏两条青蛇。

据说禺强的风能够传播瘟疫，如果遇上它刮起的西北风，将会受伤，所以西北风也被古人称为“厉风”。渤海的东方有一片茫茫大海，名叫归墟。归墟中有五座仙岛分别叫作岱舆、员峤、方丈、瀛洲、蓬莱。这些海岛方圆三万里，高三万里，山顶的平缓处也有九千里之大，山和山之间相距七万里，互为邻居。岛上住着的都是神仙，他们常在海岛间飞来飞去，但海岛常随波浪沉浮漂流，天帝怕海岛漂流到西方极远的地方，众仙就没有住的地方了，于是便让海神禺强去想办法。禺强就派来十五只巨鳌，托举顶负着海岛不使它漂流。巨鳌们还分成三拨，每六万年一换班，真是顶天而立地，神奇之极。

èr fù hé chén zǐ wēi
贰负和臣子危

贰负神，人面蛇身，是诸多部落的图腾。因为他跑得极快，又喜欢杀戮，后来便成了武官的象征。贰负神有一个臣子叫危，对他向来是言听计从。

同是人面蛇身的窫窳，则性情温顺和善，极受众人的爱戴。贰负神表面上与窫窳很是要好，私下里却对他怀恨在心，暗中吩咐危去杀害窫窳。危对贰负神的指令从未有过质疑，于是他将窫窳杀死了。

黄帝得知此事之后，十分愤怒，命令天将把贰负神与危拘禁在疏属山中，并且给他们的右脚戴上枷锁，还用他们自己的头发反绑他们的双手，拴在大山中的大树下面。

传说几千年之后，西汉时期的汉宣帝命人开凿上郡的疏属山，结果在山上发现了一个密室，里面还有两个人，全身上下都裸着，被反绑着，一只脚上还戴着枷锁。人们不认识他们，觉得十分惊奇，便将二人运往长安，但是在途中这两个人都变成了石头人，不能动也不能说话。汉宣帝觉得很奇怪，便召集群臣询问这两个人的来历，然而却没有一个大臣能回答出来。后来这件事情传到当时有名的文学家刘向的耳朵中，刘向说："这两个人便是黄帝时期的贰负神与他的臣子危。"

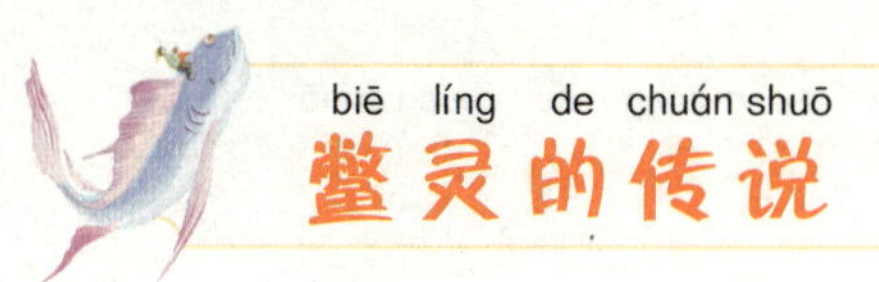

biē líng de chuán shuō
鳖灵的传说

蜀国有个叫鳖灵的人，有一天不小心失足落水被淹死，尸首不是顺流而下，而是逆流而上，一直冲到郫地。更奇怪的是，刚打捞起来，他便复活了。望帝听说有这样的怪事，便叫人把鳖灵叫来相见，两人谈得很投机。望帝觉得鳖灵不但聪明和有智慧，而且很懂得水性，是个人才，便叫他做了蜀国的丞相。

鳖灵任丞相不久，一场大洪水暴发了，原因是玉垒山挡住了水流通路。这场洪水之大，和尧时暴发的洪水差不多，人民沉浸在水灾中，痛苦不堪。鳖灵带领人民治水，把玉垒山凿开一条通路，让洪水顺岷江畅流而下，才解除了水患，人民得以安居乐业。鳖灵治水归来，望帝因他治水有功，自愿把帝位禅让给他。

鳖灵接位后，号称丛帝，又称开明帝，以后他的儿子继承帝位，也都称开明帝。

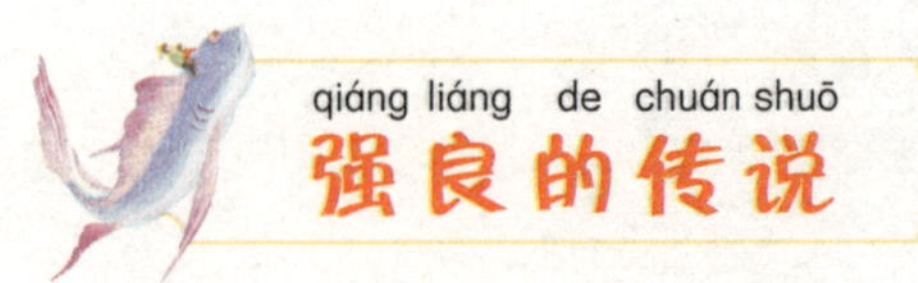

qiáng liáng de chuán shuō
强良的传说

北极天柜山上住着三位神人：一个是北海海神禺强；一个是九凤；还有一个是强良，他长着人的身子，老虎的脑袋，有四个蹄子，手臂特别长，嘴里衔着蛇，手中也握着蛇。强良有驱邪逐怪的本领，是远近闻名的神巫。

有一天，一个聂耳国人来找强良。那个人捂着耳朵，表情痛苦地说："最近不知什么原因，我们国家的人突然耳朵疼起来，天天饭也吃不下，觉也睡不好。一向听话的花斑老虎，竟然变得狂躁不安，不听指挥。"

强良皱着眉头说："看来又是什么妖怪来捣乱了。"

聂耳国四面临海，海里经常出现水怪和妖物，所以家家驯养花斑猛虎防身。聂耳国的人都长着又大又长的耳朵，走起路来，耳朵一晃一晃的，像两个大扇子。他们为了行动方便，不得不用双手托住大耳朵。睡觉的时候，还可以把一只耳朵当铺垫，一只耳朵当被子盖在身上。

强良到了聂耳国，立刻摆阵布法，做好了与妖怪大战一场的准备。

强良手舞足蹈，念念有词，突然空中飞来一根彩色的羽毛。他捡起来一看，这不是他的邻居九凤身上掉下来的羽毛吗？难道聂耳国的人耳朵疼与老虎狂躁不安跟九凤有关？

强良找九凤一问才知道，原来是聂耳国的人最近到天柜山上砍树砍得太多，而且胡乱射杀野兽，九凤非常气愤，才施了法术惩罚他们。聂耳国的人这才知道自己的错误，并保证以后一定注意。于是，他们的大耳朵这才好起来，花斑老虎也像以前一样听话了。

相柳——天神共工的臣子

xiàng liǔ tiān shén gòng gōng de chén zǐ

《山海经》中记载：天神共工的臣子有个名叫相柳氏的，他的相貌十分凶恶恐怖。巨大的青色蛇身上面长着九个脑袋，每个脑袋上都是人的面孔。他喜欢吃土，一次就能吃下九座小山；它吐出的东西，气味儿令人恶心，苦涩难闻，即使是野兽都无法在附近停留。不仅如此，这九个头分别在九座山上吃食物。他一吞一吐，所触及的地方便会成为沼泽，并发源出溪流。沼泽中的水苦涩无比，人兽都无法饮用。帝尧时代，相柳霸占了雍州以西的地区，荼毒生灵，侵灭诸侯，民不聊生，一时间怨声载道。在发洪水的时候它便出来助纣为虐，大禹平息洪水以后便杀死了它。之后大禹发现，相柳死后流出的血液汇聚成河，发出腥臭刺鼻的气味，所流经的地方五谷不生。大禹动手掘填被相柳血膏浸坏的土地，但填塞了多次，而又多次塌陷下去，大禹没办法，干脆挖了一个池子，让血流到里面，并用挖掘出来的泥土为众神修造了几座帝台，统称为共工台。这帝台位于昆仑山的北面，柔利国的东面。

kuā fù zhú rì de jù rén
夸父——追日的巨人

远古时候，在北方荒野中，有座巍峨雄伟、高耸入云的高山。在山林深处，生活着一群力大无穷的巨人。他们的首领，是幽冥之神后土的孙儿、信的儿子，名字叫作夸父。有一年的天气非常热，火辣辣的太阳直射在大地上，烤死庄稼，晒焦树木，河流干枯。人们热得难以忍受，夸父族的人纷纷死去。夸父看到这种情景很难过，发誓要捉住太阳，让它听从人们的吩咐，为大家服务。太阳刚刚从海上升起，夸父告别族人，怀着雄心壮志，从东海边上向着太阳升起的方向，迈开大步追去，开始他逐日的征程。太阳在空中飞快地移动，夸父在地上如疾风似的，拼命地追呀追。他穿过一座座大山，跨过一条条河流，大地被他的脚步，震得“轰轰”作响，来回摇摆。跑累的时候，就微微打个吨，将鞋里的土抖落在地上，于是形成大土山。饿的时候，他就摘野果充饥，有时候夸父也煮饭。他用三块石头架锅，这三块石头，就成了三座鼎足而立的高山，有几千米高。夸父追着太阳跑，眼看离太阳越来越近，他的信心越来越强。越接近太阳，就渴得越厉害，已经不是捧河水就可以止渴的了。经过九天九夜，在太阳落山的地方，夸父终于追上了它。红彤彤、热辣辣的火球，就在夸父眼前，他的头上

有万道金光洒在他身上。夸父感到又渴又累。他就跑到黄河边，一口气把黄河之水喝干。他又跑到渭河边，把渭河水也喝光，仍不解渴。夸父又向北跑去，那里有纵横千里的大泽，大泽里的水足够夸父解渴。但是，夸父还没有跑到大泽，就在半路上渴死了。

夸父临死的时候，心里充满遗憾，他还牵挂着自己的族人，于是将自己手中的木杖扔出去。木杖落地的地方，顿时生出大片郁郁葱葱的桃林。这片桃林终年茂盛，为往来的过客遮挡烈日，结出的鲜桃，为勤劳的人们解渴，让人们能够消除疲劳，精力充沛地踏上旅程。

炎黄故事

zhōng huá wén míng de xiān zǔ huáng dì
中华文明的先祖黄帝

传说黄帝是我国各族人民的共同祖先，姓姬，号轩辕氏、有熊氏，少典之子。所处时代为原始社会末期，为部落或部落联盟的领袖。他的发明创造有很多，如：养蚕、舟车、兵器、弓箭、文字、衣服、音律、算术等，我国古文献也多有黄帝创造发明医药之记载。轩辕黄帝降服炎帝、诛杀蚩尤，统一中原，建立世界上第一个有统一领导的国家。他同时创造了文字、音律，还教人们种桑养蚕、种植粮食、捕鱼狩猎、建房制陶等。总之，我们通常所说的衣、食、住、行、农、工、商、医等方面在黄帝时代均已奠定了基础。黄帝以统一华夏部落与征服东夷、九黎族而统一中华的伟绩载入史册。黄帝共有二十五个儿子，其中十四人被分封得姓。这十四人共得到十二个姓，它们是：姬、酉、祁、己、滕、葴、任、荀、僖、姞、儇、衣。另外，青阳、苍林与姬同姓。而少昊(己姓)、颛顼(次子昌意之子)、帝喾(长子之孙)、唐尧(长子玄孙)、虞舜(次子八代孙)，以及夏朝、商朝(子姓)、周朝的君主都是黄帝的子孙。后来的五帝少昊、颛顼、尧、舜、禹以及夏禹、商族的祖先、周族的祖先等，都是黄帝的后裔，这些后裔都继承了姬姓，他的后代周武王（姬发）建立了周朝。黄帝和炎帝并称华夏民族始祖，华夏部落联盟领袖，我们的血脉祖先。

yán dì de chuán shuō
炎帝的传说

炎帝，是中国上古时期姜姓部落的首领，由于懂得用火而得到王位，所以称为炎帝，他是中国上古神话里与黄帝并列的神。中国人自称是炎黄子孙，即炎帝和黄帝的后裔。女娲造人之后，大地上的人类越来越多，食物也不够吃了，仁慈的炎帝便教人类播种五谷，获取食物。同时又命令太阳发出足够的光和热，来促进五谷的生长。从此人类不愁吃穿，安居乐业。因此，炎帝也被尊称为神农氏。

炎帝所处时代为新石器时代，部落的活动范围在黄河中下游。相传炎帝牛首人身，他发明了刀耕火种，创造了两种翻土农具，教民垦荒种植粮食作物，领导部落人民制造出了饮食用的陶器和炊具。

传说炎帝部落后来和黄帝部落结盟，共同击败了蚩尤。

炎帝不光是太阳之神和农业之神，也是医药之神。据说他看到很多人因为吃了有毒的东西而生病，就决心尝遍百草造福后人。于是炎帝便游历天下。其间，他尝遍百草，发现有的草吃下后能治病痛，有的草吃下后舌头麻木或口

吐白沫，有毒性。据说他为了尝药，甚至一天要中毒数次。树上长的野果有的甘甜，有的酸涩，有的可以吃，有的可以治病。炎帝把这些东西都记录下来，走到哪里，就把这些知识传播给当地的人们。

有一次，炎帝尝到了“断肠草”，毒性发作，炎帝不幸去世。去世之后，人们隆重地安葬了炎帝，尊他为农耕和医药之祖。

后稷——农业始祖

hòu jì nóng yè shǐ zǔ

炎帝后裔有邰氏的女儿名叫姜嫄。有一天，她偶然发现地面上有一个巨人足迹，觉得好奇，有意踏上去，后来就怀孕生子。人们认为这个无父亲的孩子是个“不祥之物”，就把他抛弃了三次，先后扔在小巷、冰河和森林里，奇怪的是每次都有牛羊、飞鸟和人相救。姜嫄认为他是个神孩，就又抱回养育，起名叫“弃”。

弃是个有志气的孩子，从小就喜欢农艺，在母亲姜嫄的教导下很快掌握了农业知识。他看到人们仅仅靠打猎维持生活，食物太单调，常常吃了上顿没下顿，心里非常难过，决心想个办法来保证人类能生存下去。他想着想着上了山坡，看到满山遍野的树木和花草，突然灵机一动，人们为什么总要渔猎吃肉呢？这些树木的果实、茎叶能不能吃呢？于是，他便决定亲口尝一尝各种野生植物的滋味，以确定哪些能吃、好吃，哪些不能吃或不好吃。他遍尝百草，为人类找到了大量的食物，后被尊称为“农业始祖后稷”。

可是，后稷并不满足于这些发现，他看到人们为了找

到可口好吃的植物，往往要走很远的路，累得满头大汗。能不能在家门口自己种植呢？他反复思考、观察，惊奇地发现，飞鸟嘴里衔的种子掉在地里，人们吃完的瓜子、果核扔在地上，到第二年又发出新芽，长出新的瓜果树。后来他又发现植物的生长与天气、土壤有关系，就决定利用天气的变化和不同类型的土地，指导人们选育良种，有计划地进行农耕。相传后稷的精神感动了天帝，天帝派神仙下凡送来百谷种子，让他为民造福，人类结束了茹毛饮血的生活。

后来，后稷亲自在教稼台前传授人们农业知识。教稼台前，农夫们或坐或立，黑压压一大片，静听着后稷讲解农业知识。他挥着手，又是比画，又是示范，每到兴奋处，还下台手把手教人们农耕新法。后稷还在教稼台上号召并领导人们改进农具，开渠修堰，排水、灌溉，使田野一片绿油油。人们都夸后稷教民种的庄稼穗儿大、颗粒饱满、产量高。

dì kù yáo de fù qīn
帝喾——尧的父亲

三皇五帝中，排名第三的是帝喾。帝喾姓姬，黄帝曾孙，十五岁受封为辛侯，三十岁即帝位，在位七十年，寿一百零五岁，葬狄山北面的故都高辛。

高辛北不远处有一降龙堌堆，传说是帝喾降生的地方。阳春三月，春光明媚，将要临产的帝喾的母亲，由宫女陪伴乘车辇，外出游玩散心。正午时分，一条金龙自天而降，扑入帝喾母亲怀中，顿时雷鸣电闪，大雨倾盆，帝喾母亲突然腹痛，即时生下帝喾。帝喾出生就受水怪之害，土地神急奏玉帝，玉帝派众神下界将地凸出三丈六尺，帝喾母子及宫女随从处于高台之上，这一高台就是现在的降龙堌堆。

帝喾一生有四个妃子：元妃姜嫄、次妃简狄、三妃庆都、四妃常仪。元妃姜嫄是有邰国国

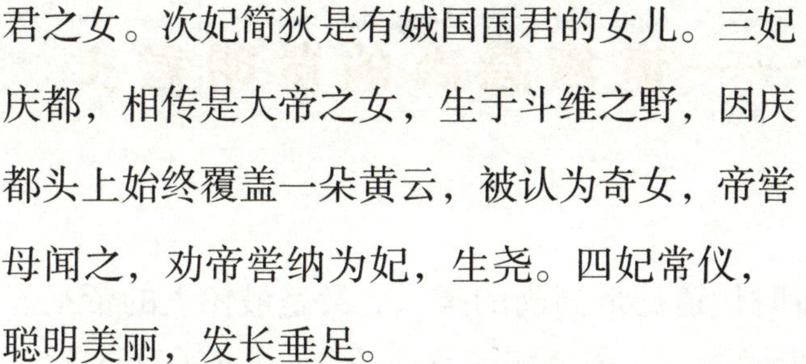

君之女。次妃简狄是有娀国国君的女儿。三妃庆都，相传是大帝之女，生于斗维之野，因庆都头上始终覆盖一朵黄云，被认为奇女，帝喾母闻之，劝帝喾纳为妃，生尧。四妃常仪，聪明美丽，发长垂足。

帝喾即帝位后，扫平共工之乱，平定天下，统辖九州。他在位七十年，天下大治，人民安居乐业。

帝喾喜欢到全国去巡游，他东到泰山、东海；东北至辽宁；北到涿鹿、恒山、太原；西北至宁夏、甘肃；西南至四川；南到湖北、湖南的长沙。他几乎游遍五岳。帝喾非常喜欢听音乐，他叫乐师咸黑制作了九招、六列、六英等歌曲，又命乐垂作鼙鼓、钟、磬等乐器，让舞女穿着五彩衣裳，随歌跳舞。在音乐起鸣之后，凤凰、大翟等名贵仙鸟也都云集殿堂，翩跹起舞。古时认为只有德行高尚的人才能招来凤凰。

yáo dào dé gāo shàng de xián míng jūn zhǔ
尧——道德高尚的贤明君主

尧，远古时代道德最高尚的圣人，又是最伟大的帝王。本名放勋，是帝喾和庆都的儿子黄帝的第四代孙。庆都在河边与帝喾变的神龙结合，怀孕十四个月，生下放勋。尽管他和常人差别不大，但他的眼睛却与众不同：他每只眼睛里有两个互相重叠的瞳孔。他的面相不大好，眉毛呈八字形，脑袋上面尖、下面宽，满脸吃苦受难相。放勋的父亲帝喾驾崩，放勋登上皇帝宝座，世人尊称尧帝。他的首都在平阳，就是现在山西的临汾。

尧帝生活简朴，对于自己的职责从来没有松懈。由于工作忙碌，尧帝没有时间修饰自己，头发披散，有七尺长，几乎拖到地面。

尧帝的年纪渐渐大了，需要挑选继承人。尧帝到处寻访，物色皇位继承人。经过细致考察，尧帝发现舜道德高尚，

能力超群。为了帮助舜，也为了进一步了解舜的为人，尧帝把自己的两个女儿娥皇和女英嫁给了舜。最后，尧帝决定将帝位禅让给舜。尧帝死后，受到人们的普遍崇拜。人们为尧帝建了许多坟墓。《山海经》中记载，岳山、狄山都有尧帝的陵墓。

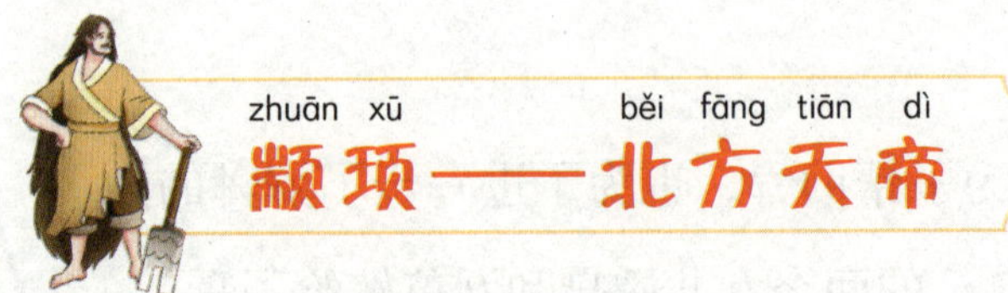

颛顼——北方天帝

zhuān xū bĕi fāng tiān dì

颛顼生年不详，他是黄帝之子昌意与蜀山氏之女昌仆所生。颛顼在若水出生，传闻颛顼出生时，头上戴着古代武器干戈，武器上还写着“圣德”二字。颛顼在穷桑登基为帝，即如今的曲阜，后来颛顼又迁都到了帝丘。祝融、玄冥等五人是颛顼的五官。颛顼登基后一直沿用轩辕黄帝的政策处理国家大事，在他的治理下百姓安居乐业。但是颛顼所在的时代，极度缺乏文字记载，涉及颛顼的相关历史资料就更少了。

因为黄帝在位期间十分重视巫教的地位，以致臣民崇尚巫教荒废了农业生产。颛顼为了改变这样的局面，下令改革宗教，而自己诚心祭祀天地，为百姓们作出榜样。颛顼一边严禁民间占卜的活动，一边鼓励人们从事生产，终于使社会恢复了原本应有的秩序。

圣德

尧帝二女——娥皇和女英

yáo dì èr nǚ　é huáng hé nǚ yīng

娥皇和女英是上古时期神话传说中的人物。当年尧见舜德才兼备，为人正直，办事公道，刻苦耐劳，深得人心，便将其首领的位置禅让给舜，并把两个女儿——娥皇和女英嫁给舜为妻。女英为舜生下一子商均。

二女嫁舜，究竟谁为正宫，谁为妃子，最后采取一个办法，当时舜王要迁往蒲坂，尧命二女同时由平阳向蒲坂出发，哪个先到，哪个为正宫；哪个后到，哪个为偏妃。娥皇、女英听了父王的话，各自准备向蒲坂进发。娥皇是个朴实的姑娘，便跨了一头大马飞奔前进。而女英讲排场，乘车前往，并选由骡子驾车，甚觉气派。在行进中，不料女英驾车的母骡，突然要临盆生驹，女英受了骡子生驹的影响，落了个望尘莫及。正宫娘娘的位置为娥皇所夺取，女英气愤之余，斥责骡子今后不准生驹。因此传说骡子不受孕，不生驹，都是女英封下的。

帝舜执政三十九年以后，曾到长江一带巡视，不幸死在苍梧之野，葬在九嶷山上。两位夫人闻此噩耗，便一起去南方寻找舜王。二女在湘江边上，望着九嶷山痛哭流涕，她们的眼泪挥洒在竹子上，竹子便挂上斑斑的泪痕，变成了南方的“斑竹”（也称湘妃竹）。舜死了，娥皇和女英痛不欲生，便跳入波涛滚滚的湘江，化为湘江女神，人称湘妃或湘夫人。

大禹——治水英雄

dà yǔ zhì shuǐ yīng xióng

在四千多年前，中国的黄河流域洪水为患，尧命鲧负责领导与组织治水工程。鲧采取“水来土挡”的策略治水。鲧治水失败后由其独子禹主持治水大任。

大禹首先带着尺、绳等测量工具到中国的主要山脉、河流做了一番严密的考察。考察活动主要在河北东部、河南东部、山东西部、南部，以及淮河北部。一次，他们来到了河南洛阳南郊。这里有座高山，属秦岭山脉的余脉，一直延续到中岳嵩山，峰峦奇特，犹如一座东西走向的天然屏障。高山中段有一个天然的缺口，涓涓的细流就从隙缝轻轻地流过。

他还发现龙门山口过于狭窄，难以通过汛期洪水；还发现黄河淤积，流水不畅。于是禹大刀阔斧，改“堵”为“疏”。“疏”就是疏通河道，拓宽峡口，让洪水能更快地通过。大禹采用了“治水须顺水性，水性就下，导之入海”，即高处凿通、低处疏导的治水思想。根据轻重缓急，定了一个治的顺序，先从首都附近地区开始，再扩展到其他各地。

大禹决定集中治水的人力，在群山中开道。艰苦的劳动，损坏了一件件石器、木器、骨器等工具。有的人被山石砸伤了，有的上山时摔死了，有的被洪水卷走了。可是，他们仍然毫不动摇，坚持劈山不止。在这艰辛的日日夜夜里，大禹的脸晒黑了，人累瘦了，三过家门而不入。在他的带动下，治水进展神速，大山终于豁然屏开，形成两壁对峙之势，洪水由此一泻千里，向下游流去，江河从此畅通。

gǔn dào xī rǎng
鲧盗息壤

尧的时代，灾难接连降临到他的国土上，先是大旱，后来又是洪水。

那情景可怕极了，大地上一片汪洋。老百姓无家可归，地里的庄稼都淹死了，恶禽猛兽也很快繁殖起来。身为天子的尧帝，看到人民遭受这样的苦难，忧心如焚，便派鲧去治水。

鲧也是个天神，是黄帝的后代。他同情人民疾苦，急于征服洪水，可是知道单凭自己这点神力很难办到，常常皱着眉头闷闷不乐。

有人献计说："你祖父黄帝那里有一种'息壤'，那可是个宝物，一点点土就可以长成千丈大堤，万丈高山。

用这种宝物来阻挡洪水，还怕挡不住吗？”

鲧听了很高兴，从天上窃来了息壤。他背着息壤，到吕梁山一带去治理洪水。这办法可真灵，只要在河边撒下一把息壤，立刻就会长出一道高大的堤坝，挡住汹涌的洪流。在积水的地方撒下一点息壤，积水很快就会干涸，露出黑色的地面。

可是，鲧窃息壤的事，很快就被黄帝知道了，立刻派火神祝融下到人间，在羽山的郊野把鲧杀死了，取回了被窃的息壤。这一下，各地的洪水又泛滥起来。

鲧死后精魂仍然活着，尸体过了三年没有腐烂，而且腹内还孕育着一个新的生命。他用自己的全部精血去哺育这条小生命，希望他的神力能超过自己，继续完成治理洪水的伟大事业。

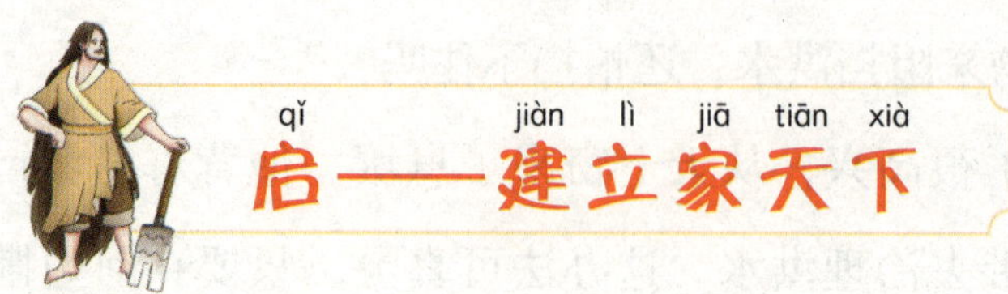

启——建立家天下

夏启，姓姒名启，大禹的儿子。大禹死后，启即位为天子，公天下制度被禹的儿子夏启破坏后，自然遭到了一些人的反对。夏启没有急于镇压这些反对他的人，他认为当前最需要做的是收买人心，让民众心服口服地拥护自己。于是夏启严格要求自己，以博得人们对他的信任。他的每顿饭菜只吃一碗普通的蔬菜。睡觉只铺一床粗糙的旧褥子。除了祭神和祭祖，他不许演奏音乐来娱乐。他尊敬老人、爱护小孩。谁有本领，他就亲自请来加以重用；谁懂得武艺，他就让谁带兵打仗。

夏启这样收买人心，确实产生了很好的效果，才过了一年，他的声誉就大大提高了。大家一致认为夏启理所当然是夏禹的继承人了，对于父死子继的家天下制度，人们觉得并没有什么不合理。

有扈氏对启破坏禅让制度的做法十分不满，拒不出席。夏启发兵对有扈氏进行征伐，大战于甘，有扈氏战败被灭。

这次胜利，使新生的政权得到初步巩固，建立了中国第一个奴隶制的国家。但启的晚年，生活日益腐化，整日饮酒作乐，歌舞游猎，传说他曾创作了名为《九韶》的大型乐舞。

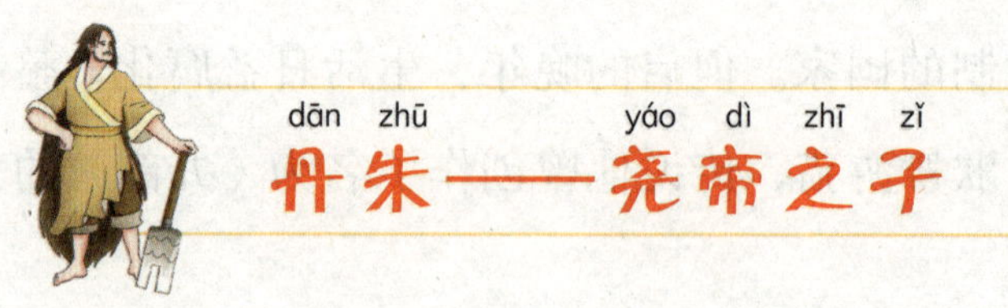

丹朱——尧帝之子

丹朱是远古时代尧帝的儿子，是一位杰出的军事家，具有丰富的军事知识和作战经验。

当年，尧帝娶散宜氏女，生下一子。婴儿遍体通红，古时把“红”称“朱”，所以给他起名“陶朱”。陶朱是尧帝的嫡长子，封于丹水，故名丹朱。丹水，在现在的湖北丹江口市及河南淅川县境内。

尧帝主政时期，天下并不太平，南方各部落之间战争频发。当时，三苗部落在汉江流域以南地区作乱。尧帝任命丹朱为领兵大元帅，率兵征讨三苗部落。尧帝允诺，如征服三苗部落，那片土地便归丹朱。

虽然丹朱贪玩，但传说他棋艺高超，在华夏部落无人能敌。丹朱听父亲这么一说，觉得是桩大买卖，就动心了。之后，丹朱奉命率兵布阵于丹水北岸，准备与三苗部落开战。

大兵压境，引起巨人部落注意。巨人部落中有一位了不起的人物，名叫夸父。夸父力大无穷，奔跑的速度很快。夸父接到丹朱的战书后，把人马布置在丹浦（丹江）南境，准备迎战。

次日，双方军队列兵于丹浦。丹朱坐船来到江心，激将夸父，要决战到底。夸父问："你想怎么与我决战？"丹朱说："听说你的奔跑速度可以逐日，令人佩服，但你敢与我赌别的吗？"夸父问丹朱："你想怎么赌？"丹朱说："就在这江心中下棋，一盘定输赢。若你赢我一盘，我五万大军归你指挥；若我赢你一盘，咱俩拜为兄弟，你仍是巨人部落首领，但你必须听从我的指挥。"在丹朱的激将之下，夸父决定和他赌下棋。

夸父自然不是丹朱对手，最后只好认输。从此，他们成为好兄弟，夸父也兑现了自己的承诺。尧帝没有食言，便把丹水流域封给了丹朱。

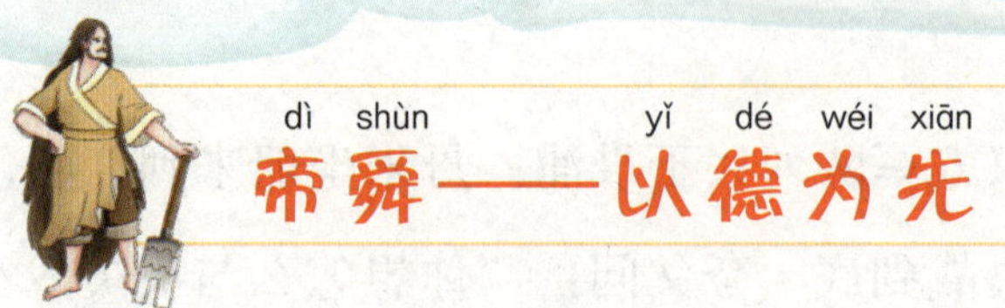

帝舜——以德为先

舜是黄帝后裔中另外一个分支，距黄帝九世，居住在黄河中游（位于今山西蒲州一带）。当时，舜只是一个小部落的首领，因圣贤而名声大噪。他不但长相奇异，还非常能干，会耕、会渔、会制陶器，又孝顺父母，且处事公正，所以甚得部落百姓爱戴。舜的家庭比较复杂，其父瞽叟是个盲人，母亲早卒后，父亲又另娶了一个继妻。这位蛇蝎心肠的继母给舜生了一个弟弟名象、一个妹妹名敤手后，百般容不得不是自己亲生的舜，并且总想把他置于死地，好把家产全留给自己的亲生儿子。舜在二十岁时，其孝行已被时人称颂。后来，帝尧听说了舜的贤德，便对他委以重任，还将女儿娥皇、女英嫁给了他。

有一年，舜因政绩突出，帝尧赐给他一件细葛布衣和一把琴，另外还帮他建了一个仓廪，并送了些牛、羊。于是，贪心的后妈竟起杀心，联合舜昏聩的老爹和不顾手足之情的弟弟，策划了一场杀子夺家产的闹剧。就这样，由舜的父亲瞽叟提出要给房顶涂廪（用泥土修补谷仓），需要舜前来帮助。

娥皇、女英知道舜的家人没安什么好心，于是让舜带着两个斗笠上房顶干活。果不其然，舜刚一上去，其父瞽叟和弟弟象就立即将梯子撤走，并放火想烧死他。舜于是拿着两个斗笠，就像长了翅膀一样从房上跳下来，毫发未损。不久，瞽叟又叫舜去帮他挖井，等舜刚下到深

处，他的老爹和弟弟就急忙取土将井填上，想把他活埋在井下。幸运的是，娥皇、女英早就被公公、婆婆、小叔子这一大家子层出不穷的“阴谋”修炼出极高的警惕性，提前让舜在水井的侧壁凿出了一条暗道，这才又捡回了性命。

经历这些事件后，舜依然像从前一样侍奉父母、友爱兄弟，并且更加恭谨。这一切，都说明舜是很明事理之人。

神山仙岭

kūn lún shān 昆仑山

海内的昆仑山，屹立在西北方，是天帝在人间的都城。昆仑山方圆八百里，高一万仞。昆仑山的每一面都有九眼井，每眼井都有用玉石制成的栏杆环绕在周围。每一面有九道门，门内即是帝宫，是天帝和众多天神聚集的地方。在八方山岩之间，靠近赤水的岸边，天神陆吾管理这座宫殿里的所有事务。帝宫里有五座城和十二座楼。

它的东边有棵琅玕树，树上能长像珍珠一样的美玉，非常宝贵，天帝派三个头的天神离朱看守它；西边有凤凰和鸾鸟；南边也有生长美玉的碧树、瑶树；北边有不死树，树上结着长生不老果。

昆仑山上到处是奇花异木和拥有神力的珍禽异兽。它的最高峰设有天梯，能直达天庭。天帝常常从天上顺着天梯来到人间的帝宫办公或游玩。

昆仑山下面被深渊包围，四周环绕着熊熊燃烧的火焰山。帝宫大门的开明门，由九个头的开明神兽威风凛凛地守卫。

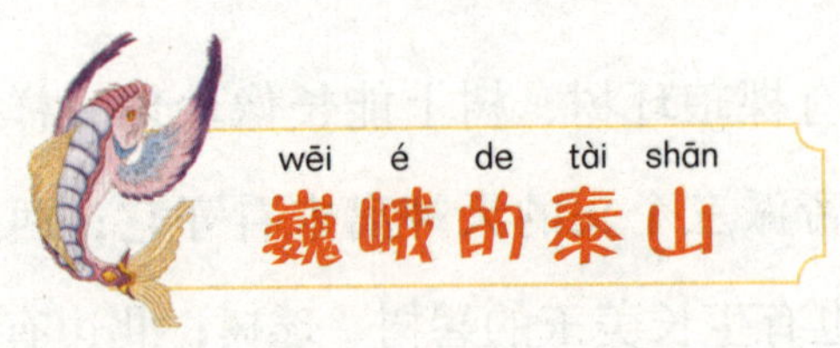

wēi é de tài shān
巍峨的泰山

泰山位于山东省泰安市中部。传说泰山为盘古开天辟地后其头颅幻化而成，因此中国人自古崇拜泰山，有“泰山安，四海皆安”的说法。历代帝王君主多在泰山进行封禅和祭祀，各朝文人雅士亦喜好来此游历，并留下许多诗文佳作。

泰山拥有交横重叠的山势，堆叠厚重的形体，辅以苍松、巨石和环绕的烟云，形成了肃穆与奇秀交织的雄壮景象。这里出产的灵芝、何首乌、板栗及核桃等特产享誉全国。而分布于山体各处的二十余处古建筑群和两千两百余处碑碣石刻，使泰山成为世界少有的历史文化与自然相结合的游览胜地。

泰山风景区以泰山日出、云海玉盘、晚霞夕照和黄河

五岳独尊

金带四景最为出名，游客可乘坐以岱顶为中心的三条索道上山，或是背起行囊亲近自然，徒步进行攀爬。泰山是唯一受过皇帝封禅的名山，除此之外，在中国拥有悠久传统的佛、道两教亦在此兴盛。登高望蓬瀛，万里清风来，泰山以其独特的景致及人文内涵吸引着许多国内外游客，正可谓登泰山而小天下。

传说，泰山是通往天宫的门户，因此山上有天街、南天门等和天宫相关联的景点，而且，多个朝代的皇帝都会来这里封禅。山上出产精美的玉石。山下则出产各种各样的金属矿物。山上还生活着一种野兽，形状像猪，由于长期受到泰山灵气的熏陶，它的身体里含有一种珠子。它会发出“狪狪”的叫声，因而人们称这种野兽为狪狪。

shén qí de shào shì shān
神奇的少室山

少室山是座神奇的山，山上满是怒放的花和葱绿的树，还有奇异的草掩映在花儿之间。这座山美丽而幽静，就像仙境一样。

山上生长着一种叫帝休的树木，其叶子的形状像杨树的叶子，枝条交错，向各个方向伸展；花朵是黄色的，盛开时在微风中翩翩起舞，山上弥漫着沁人心脾的清香；果实是黑色的，诱人的香味传得很远。最神奇的是，人如果吃了这种果实，就会心平气和，永远不会烦恼。

少室山还有许多精美的玉石，它们依傍在帝休树边，质地晶莹剔透，山下埋藏着许多铁矿石。休水从少室山发源，向北注入洛水。水中有许多像猕猴一样的鱼，长着长长的脚爪，脚趾是相对而生的。传说吃了这种鱼，就不会疑神疑鬼，还能增强体质。

duō jīn yù de qú fù shān
多金玉的瞿父山

羽山再向东三百七十里的地方，叫作瞿父山。山上光秃秃的，却遍布着各色玉石及黄金。

有人说瞿父山可能是今天安徽铜陵一带山脉，包括狮子山、铜官山、凤凰山以及繁昌县的寨山等。铜陵地区的山脉很多是喀斯特地形，故草木稀疏。铜、金、银、硫铁矿和石灰石储量均在全省名列前茅，铜陵市因矿而生。紫墨玉产于铜陵县与繁昌县交界处的一个丘陵山洼之中，蕴藏量非常丰富，藏于浅土层中，还有的裸露于土层之外。“紫墨玉”学名又叫“堇青石”，为天然黑色，结构致密，其矿物集合体是世界上几种珍贵的玉石品种之一。采用紫墨玉制作的工艺品，精光内蕴，纯而不染，光洁照人，细而匀韵，声清悦耳，手感舒适。

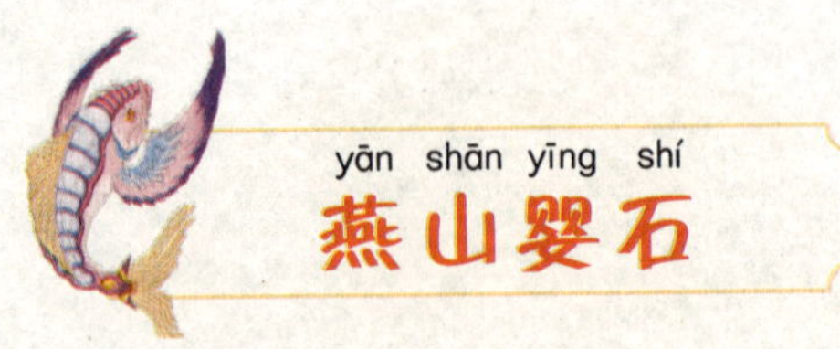

yān shān yīng shí
燕山婴石

《山海经·北山经》记载："北百二十里曰燕山，多婴石。"在北方太行山系中，有一座山叫燕山，山上满是五彩缤纷的婴石。婴石上有漂亮的花纹，有一层天然的光泽，熠熠生辉，在太阳的照射下光彩夺目。

相传早年有一个特别笨的人，在一个叫梧台的地方捡到了一块婴石。这块石头十分光滑，有纹理，还闪闪发光，他以为是天下奇宝，就找了一个隐蔽地方把它藏了起来。他经常夜里偷偷看那块婴石，心里暗暗高兴，以为自己发财了。

没过多久，他实在忍不住了，就把自己得到一块珍奇宝石的消息告诉了一个朋友，并且请朋友来观赏宝石。朋友一看，哈哈大笑，对他说："这是婴石呀，燕山上到处都是。它什么用途也没有，和碎瓦片差不多。你快丢掉它吧！"

他听了很生气，以为朋友想骗他的宝石，便大声说："你走吧，我再也不会把你当朋友了！"他的朋友觉得不可思议，甩袖就走了。他担心朋友会告诉其他人，便把婴石藏得更隐秘了。

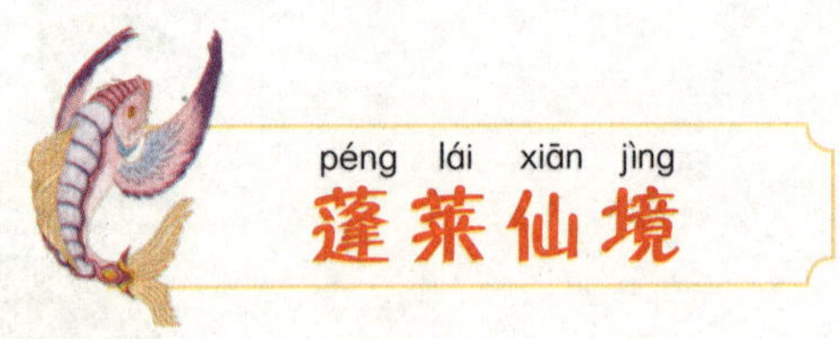

péng lái xiān jìng 蓬莱仙境

蓬莱地处山东半岛最北端，素有“仙境”之誉，它依山傍海，景色秀丽，独具虚无缥缈的“海市蜃楼”奇观，被认为是传说中的“蓬莱、瀛（yíng）州、方丈”三座仙山之一。“八仙过海”的美丽传说便出于此地，因而它自古以来便是历代帝王寻仙访药、文人墨客向往之地。翰墨流传，为山海增色，遂使蓬莱仙境扬名天下。

我国古代传说在东海中有蓬莱仙岛，为仙人所居。后常用“蓬莱仙境”比喻海中仙境，或形容人间胜境，或指海岛风景极佳。战国时，齐威王、齐宣王、燕昭王就曾派人漂海寻找蓬莱、方丈、瀛洲。这三座神山，传说坐落在渤海中，离人间不远，仙人们担心有人漂过海即到，便刮风将船吹走。

据传说，众仙人和长生不死之药都在那里。那里飞鸟及野兽都是白色，宫殿都是黄金和白银建造。远远望去，三座神山像天上云气，到达那里一看，三座神山反而映在水下。当船将要逼近时，风就把船吹开，始终不能到达那里。世间帝王没有不羡慕那里的。

bù zhōu shān 不周山

据传说，颛顼是黄帝的孙子，号高阳氏，居于帝丘（今河南濮阳附近）。他聪明敏慧，有智谋，在民众中有很高的威信。他统治的地盘也大了很多，北到现在的河北一带，南到南岭以南，西到现在的甘肃一带，东到东海中的一些岛屿。古代历史书上描写说，颛顼视察所到之处，都受到部落民众的热情接待。

与颛顼同时代，有个部落领袖，叫作共工氏。传说他是人首蛇身，长着满头的赤发，他的坐骑是两条龙。

据说共工氏姓姜，是炎帝的后代。他的部落大概位于今天的河南北部。他对农耕很重视，尤其重视水利工作，他发明了筑堤蓄水的办法。那个时候，人类主要从事农业生产，水的利用是至关重要的。共工氏是神农氏以后，又一个为发展农业生产做出过贡献的人。

共工有个子女叫后土，对农业也很精通 。他们为了发展农业生产，把水利的事办好，就一起考察了部落的土地情况，发现有的地方地势太高，田地浇水很费力；有的地

方地势太低，容易被淹。由于这些原因，非常不利于农业生产。因此共工氏制订了一个计划，把土地的高处的土运去垫高低地，认为把下洼地垫高可以扩大耕种面积，高地去平，利于水利灌溉，对发展农业生产大有好处。

共工氏驾起飞龙，来到半空，猛地一下撞向不周山。霎时间，一声震天巨响，只见不周山被共工氏猛然一撞，立即拦腰折断，整个山体“轰隆隆”地崩塌下来。天地之间发生巨变，天空中，日月星辰都变了位置；大地上，山川移动，河川变流。原来这不周山是天地之间的支柱，天

柱折断了，使得系着大地的绳子也崩断了，只见大地向东南方向塌陷。天空向西北方向倾倒。因为天空向西北方向倾倒，日月星辰就每天都从东边升起，向西边降落；因为大地向东南塌陷，大江大河的水就都奔腾向东，流入东边的大海里去了。

yàn mén shān de chuán shuō
雁门山的传说

很久以前，有两位神仙准备一起辟谷修炼，于是就一起寻找辟谷修炼的场所。寻了不少时间，还是没能寻得名山大川。两人认为如此寻找速度太慢，就商议分头寻找。神仙甲相中了雁门山，神仙乙相中了方岩。双方都很自负，都认为自己选的地方最理想，一时争持不下，各不相让。两人静下心来商量，觉得如此各持己见也不是办法。最后，他们想出了个方案，即各自分别到这两座大山上去营造，谁先营造完成，成了规模，就作为一起辟谷修炼的场所，完成时以鸣炮为号。

两人都觉得如此甚公平，便各自动身营建。神仙甲早已胸有成竹，哪里凿洞为禅床，哪里植松柏，何处养仙鹤，陆续营造停当。又从洋澌滩溪中背了三块大岩，堆放在山巅，形如三尊勇士，作为护山之神。他又顺好溪而上，从月底沉江中挖了块巨石，准备背到雁门山顶，当作标志性建筑。这巨石，真是有点沉，他运足神力，一路行来，终于到了雁门山脚，欣喜工程眼看要完成，马上要鸣炮啦。神仙甲站在这岩上遥望方岩进度。正当暗喜，忽然从西北方传来了“轰隆隆”一声巨响。原来，神仙乙歪门邪道多，工程只做了一半就鸣起了炮。神仙甲知道这是从方岩传过来的，对手成功了。其实什么摩天楼，什么琼楼玉宇，什么瑶池仙阁，连昙花都不是呢。无奈，他只好将这巨石轻轻放下，堆在好溪边。直到如今，这巨石依然依偎在雁门山脚好溪边，人称仙背岩，任凭凡夫俗子去揣摩，去联想；任凭骚人墨客讲述神奇。

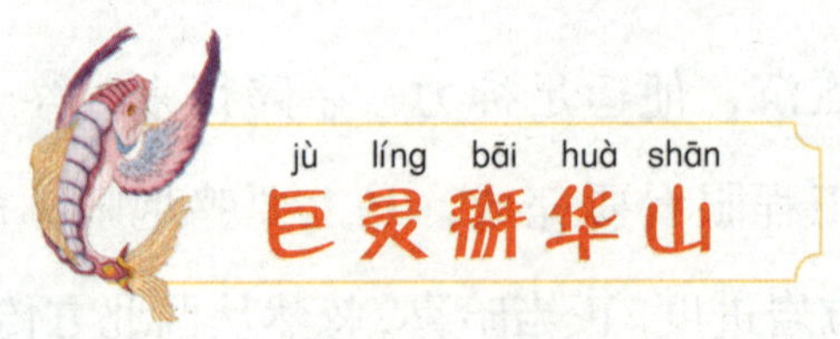

巨灵掰华山

jù líng bāi huà shān

传说天庭王母娘娘的蟠桃宴会上，老寿星因孙大圣一句玩笑的话，笑得手一抖，倾倒了半盏玉浆，酿成了人间

洪祸。霎时间，一条大河自西向东而来，河水一路奔腾怒吼，横冲直撞，摧毁了庄稼，淹没了房舍。由于华山与首阳山的阻拦，河水不能直泻东海，于是华山脚下顿时成了一片汪洋大海……

主宰西土十二万里天地的白帝少昊，看到了人们流离失所、叫苦不迭的悲惨景象，心急如焚，他立即请求玉帝，派人治水。玉帝认为，唯有力大无穷的巨灵神可担此重任。

巨灵神名叫秦洪海，生得头如笆斗、眼似铜铃、毛发直竖、腰阔十围、貌似笨拙、行如猿猱。自领了玉帝旨命，巨灵神就踏上华山峰头，居高临下，察看地形，以求为洪水找一条合适的出路。

经过细心观察，巨灵神发现在首阳山和华山之间有一条窄狭的峪道。于是他走进峪道，用手托着华山的石壁，右脚蹬着首阳山的山根，使尽全身力气，大吼一声，只见迅雷劈空、电光闪耀、一声巨响、两山开裂，百丈高的黄浪汹涌澎湃从两山之间奔腾东流。巨灵神站在波涛之中，抬头看华山，已被推进秦岭深处；回首望首阳山，已经藏在波涛之中。他看着被淹没的田地又重新露出水面，欣慰地笑了。

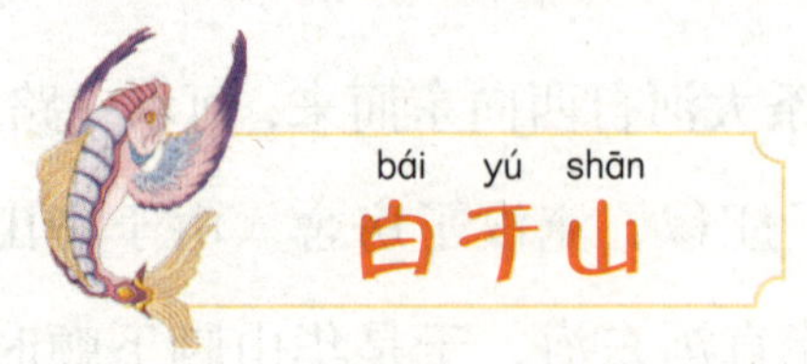

bái yú shān 白于山

白于山在古代曾有白露山、白玉山、横山、长城岭等称谓，在陕西省北部，与宁夏回族自治区盐池县南部、甘肃省东南部环县、内蒙古自治区西南部边缘接壤。近东西走向，绵延一二百里。

白于山山体由岩石构成，上覆厚厚的黄土及流水冲积物。受地壳运动和河流切割影响，形成复杂美丽的特殊地形。它平均海拔一千七百多米，梁顶起伏和缓，为陕西黄土高原北部海拔最高的地段。

青丘
qīng qiū

青丘山在基山往东三百里，阳面产玉，背面产青雘（huò）——一种青色矿物颜料。山中有野兽九尾狐，声如婴泣，吃人，人吃了它的肉可以不中妖邪的毒气；有灌灌鸟，羽毛插于身，令人不迷惑；有英水汇翼泽；有赤鱬，吃其肉不生疥疮。青丘列为名山，主要还是源于九尾狐知名度太高。

dān xué shān
丹穴山

祷过山往东五百里有山名曰丹穴。山上盛产玉石和金属矿物。丹水由这里发源，汇入渤海。山上有一种鸟，模样似鸡，羽毛呈五彩斑斓状，名曰凤凰。它的头、翅、背、胸、腹分别有“德、义、礼、仁、信”这五个字样的花纹。此鸟吃喝从容，经常独自唱歌跳舞。凤凰每出，天下必太平无事。丹穴山因凤凰而名声显赫。

tiān dì shān
天帝山

天帝山在《山海经》里没有明确标出是天帝修炼的地方，但凭这名字就可入选上古名山。山中有一叫作溪边的野兽，样子像狗，人寝其皮能不受妖毒。山中有一鸟，模样似鹌鹑，红色颈毛并黑色花纹，名曰栎，啖其肉可免受痔疮之苦。

láng yá tái guān yú láng yá shān de chuán shuō
琅琊台——关于琅琊山的传说

琅琊台远看是一座山，近看却变成两座山，两座山紧紧依偎在一起，祖辈都说它是夫妻俩变的。很早很早以前，琅琊台是平平坦坦的一片平原。那地肥得流油，傍黑插上根木棍，到天明就蹿出半尺多长的嫩芽；潮涨潮落时，海里鱼多得可以挎篮子在滩上拾。这里住着两户人家，一家打鱼，一家种田，两家人同一天添了喜。种田人生了个儿子，起名叫琅哥；打鱼人生了个女儿，起名叫琊姑。两家人非常喜欢，三日送喜面，就定了娃娃亲。

花儿谢了又开，庄稼收了又种，日子过得飞快。一转眼琅哥长成个猛熊一样壮实的小伙子，种田捕鱼样样内行；琊姑长成个俊俏的大闺女，描花绣凤，养蚕织布，里里外外都是把能手。两家父母见儿女大了，商议定在中秋节办喜事。

天有不测风云，人有旦夕祸福。那年，大宦官赵高当了公子胡亥的老师。赵高虽然善于书法，精通法律，是个

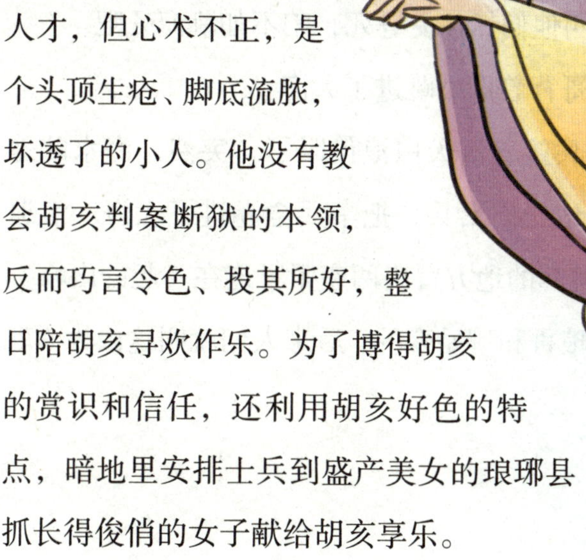

人才，但心术不正，是个头顶生疮、脚底流脓，坏透了的小人。他没有教会胡亥判案断狱的本领，反而巧言令色、投其所好，整日陪胡亥寻欢作乐。为了博得胡亥的赏识和信任，还利用胡亥好色的特点，暗地里安排士兵到盛产美女的琅琊县抓长得俊俏的女子献给胡亥享乐。

士兵接到命令后，立刻挨家挨户寻找美女。琅哥和琊姑正磕头拜天地，稀里哗啦闯进来一群士兵把小两口儿按住就用绳子捆。两家老人上前哀告求情，被秦兵一脚一个全部踹死。琅哥一看气得眼珠要鼓出来了，他暴喊一声，把捆他的绳索挣得粉碎，又顺手抄起铲地的锄头来，把捆他和琊姑的秦兵砍得哭爹喊娘，有道是猛虎难敌群狼，秦兵越杀越多。琅哥用尽吃奶的力气，也没杀出去，反而被逼到了大海边。

望着潮汛一样涌上来的秦兵，琊姑说："琅哥呀，咱闯不出去，与其叫他们抓住受辱死，咱不如跳海死吧。"

"好！"琅哥背着琊姑跳进了大海。

追上来的秦兵望着滔天白浪傻眼了。突然，海水陡地立起，铺天盖地地压向秦兵，把秦兵全卷进了大海。浪退了，琅哥和琊姑跳海的地方冒出两座紧紧连在一起的山峰。人们传说这山是琅哥和琊姑变的，后来人们就叫这山为"琅琊台"。

—— 孩子最爱读的 ——

山海经

于立文◎编绘

2

北京工艺美术出版社

目录

CONTENTS

奇邦异国

怪兽鸟鱼

奇邦异国

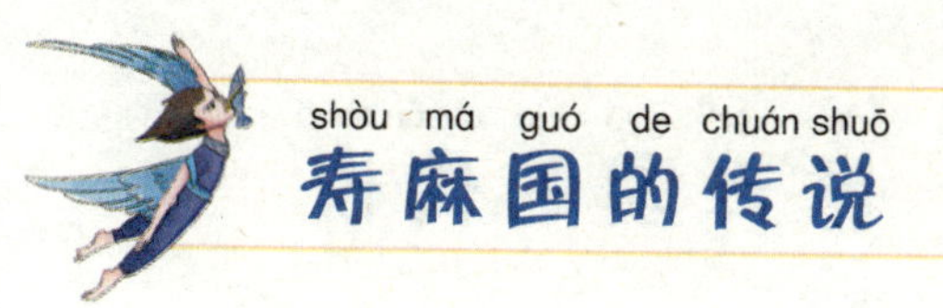

寿麻国的传说

寿麻国是一个很神奇的国家。据《山海经》的描述，这个国家的人好像生活在太空里一样，他们站在太阳底下，也没有影子；大声地呼喊，也不会传出声音。而且当地非常炎热，一般人根本受不了，可是寿麻人依然照常生活。

寿麻国的人是大神南岳的后代。南岳出生在极南之地，因此名叫南岳。南岳娶了州山氏的女儿，名叫女虔。女虔生了一个儿子叫季格，季格的儿子，就是寿麻。在寿麻还是部落首领的时候，他所居住的地方发生了地震，海水肆虐，大地沉没。寿麻提前预料到了这场灾难，就率领整个部落的人乘船向北逃生，逃到后来的寿麻国。这里的气候虽然恶劣，但是能保住性命，算是不幸中的万幸了。过了几年，在这里安定下来之后，有人思念故土，就坐船回去探访，发现原来居住的陆地已变成一片茫茫大海。部落里的人们都感激寿麻，就推举他当了国王。

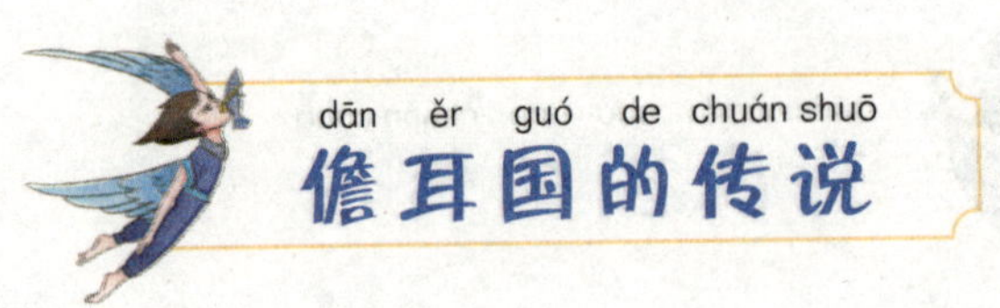

dān ěr guó de chuán shuō 儋耳国的传说

儋耳国又叫离耳国，这里的国民喜欢用锋利的刀子把耳朵割成几条垂下来，并以此为美。儋耳国的人是大神禺号的后裔。禺号就是禺虢，神话中的东海海神。

儋耳国的人都姓任，任姓是黄帝赐给禺号的姓，禺号建立儋耳国后，以此为国姓。儋耳在海南岛上，有一个叫儋州的地方，唐朝之前，一直叫儋耳郡。这可能就是儋耳国真实存在过的依据。

秦始皇统一六国之后，发兵南征，一直打到了越南中北部，由于这里有大象，就建立了一个象郡。那时的人们已经知道，象郡东面的小岛上，有一个儋耳国。但还没来得及去征服它，秦朝就灭亡了。后来汉武帝时派兵南下，征服了海南岛，改儋耳国为儋耳郡。之后儋耳郡就一直隶属于中央政权。到唐朝李渊武德五年（622 年）改郡为州，将“儋耳郡”改为“儋州”。这个名字一直沿用到今天。

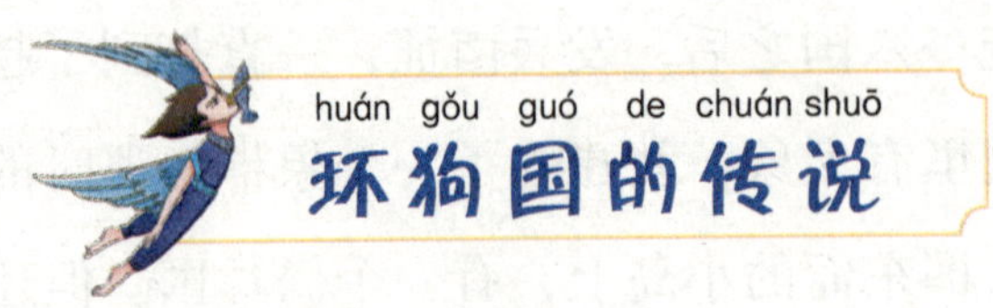

huán gǒu guó de chuán shuō 环狗国的传说

环狗国的国人都长着狗的面孔，身子和手脚却生得与常人无异。另一种说法认为他们是刺猬的样子而有些像狗，全身是黄色的。环狗国是《山海经》里提到的第二个狗国，国人都是狗头人身，和犬封国不同的是，这里的人更强大。他们是半人半兽的状态，原始的兽性加上人的智慧，让他

们比其他野兽更加勇猛，甚至专以老虎、狮子为食。

环狗国的人一般生活在森林里，也有一部分跟随在人类的身边。通常他们会戴上面具来遮掩自己，在人多的时候尽量不发出声音，以免引起人们的注意。

人们都以为环狗国的人没有理智与感情，只知道破坏和杀戮。其实这种看法是错误的。他们只是对威胁他们生存的宿敌——老虎和狮子表现非常凶狠，对自己的同伴是特别友好的，甚至会牺牲自己来拯救族人。环狗国人虽然很少与外人接触，但是，一旦被他们认可，就会对你言听计从。

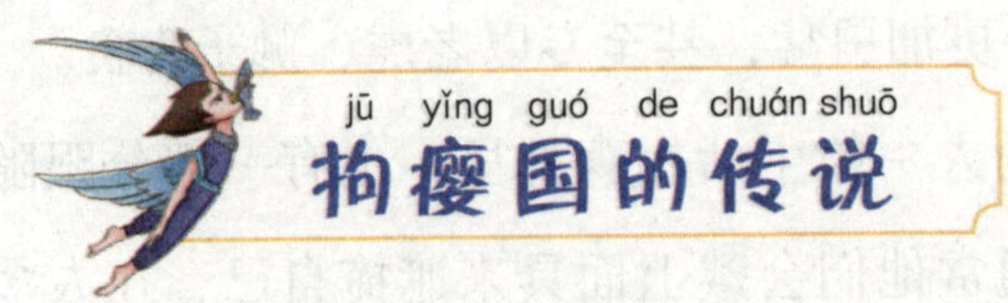

jū yǐng guó de chuán shuō
拘瘿国的传说

拘瘿国，也叫拘缨国，这里的人们随时都用手拉着帽带，因此而得名。缨就是帽带的意思。也有人认为拘瘿国的人并不是用手拉着帽带，而是用手托着脖颈上的“大肉瘤”。

相传很久以前，欧丝之野的父亲被征派去远方打仗，好几年也没有回来。她很思念父亲，担心父亲已经死在外面，就经常对着一匹自己养的马啼哭，说：“谁能把我父亲救回来，我就嫁给谁。”结果这匹马长嘶一声，挣脱缰绳跑走了。过了半个月，这匹马突然回来了，马背上驮着欧丝之野的父亲。

之后，这匹马每天都大声嘶叫，要求欧丝之野兑现诺言。欧丝之野就把这件事告诉了她的父亲。父亲知道了这件事后，立刻抽出剑，杀死了这匹马，还把它的皮挂在门口的桑树上。过了几天，欧丝之野突然失踪了，马皮也不见了，只有桑树上有只白色的虫子在吐丝，看起来好像是一张马皮包裹着一个女子。

在拘瘿国东面，有一个女子靠在一棵桑树上吐蚕丝，这个女子就是欧丝之野，她是拘瘿国国主。欧丝之野之所以变成这个样子，是因为上天在惩罚她的不守信用。原来，这匹马的遭遇被天神知道了，天神很愤怒，就依照马的意愿将他们合为一体了。

qí guài de sī yōu guó

奇怪的司幽国

天帝帝俊生了晏龙，晏龙生了司幽，司幽生了思土，而思土不娶妻子；司幽还生了思女，而思女不嫁丈夫。思土和思女分别住在司幽山的两边，思土带领着男人，思女带领着女人。女孩们成人之前，不允许见到男人。

因为司幽山两边的

男人和女人，只要和喜欢的人对视三秒，就算是结婚了，不久女人就会生下孩子。思土和思女带领着他们的族人吃黄米饭，也吃野兽肉，能驯化驱使四种野兽。他们从来不跟其他国家的人来往。

司幽国是修炼神仙的国家，男女没有生理需求，只需要强大的意念和强烈的欲望，就会有子嗣降临于世。

dī rén guó
氐人国

《山海经·海内西经》记载：“氐人国，在建木西，其为人人面而鱼身，无足。”氐人国是一个神奇的国度，生活在这个国度里面的人都是人面鱼身没有脚，他们这种状态，应该也只能生活在水中。按道理说生物进化的过程中可能真的有人鱼形成，也可能会有人鱼联合起来形成部落或者国家形式的存在。

据说，河伯冰夷就是氐人国的人，长着人的面孔、鱼的身体，是黄河的河神。但是，自从河伯冰夷的眼睛被后羿射瞎之后，他便变得十分暴虐，经常使黄河之水泛滥成灾，使河岸上的民众受灾。而且，河伯冰夷不仅残暴，个性还十分贪婪。有一次，孔子的弟子澹台子羽带了一块价值连城的玉璧要渡黄河。冰夷知晓之后，派波涛之神阴侯带了两条蛟龙，试图夺走玉璧。澹台子羽抽出宝剑，与两条蛟龙奋力搏斗，不一会儿的工夫，两条蛟龙便被斩杀。阴侯也赶紧躲起来了。

过了河之后，澹台子羽就将玉璧扔到河中，轻蔑地说道：

“贪婪无耻的河伯，将玉璧拿去吧！”谁知波浪却将玉璧送上岸。澹台子羽又一次把玉璧扔到河中，又被送上来，连扔三次都是如此。也许是胜利者的施舍让河伯感到羞耻吧，所以他不断地将玉璧送上岸去。最终澹台子羽就将玉璧摔得粉碎，扬长而去了。

huān tóu guó
讙头国

《山海经·海外南经》记载："讙头国在其南，其为人人面有翼，鸟喙，方捕鱼。"讙头国是雷神的后代，人人都长着翅膀，拥有鸟的嘴唇，他们生活在水面之上，以捕鱼来维持生活。讙头国又叫讙朱国，实际上应该叫丹朱国，这是因为尧的儿子丹朱反对父亲，后遭放逐，丹朱几次反叛未果，最后跳海自杀而死，他的子孙就在南海繁衍，慢慢形成了这么一个国家。讙头国人也长有鸟形的尖嘴，背上生有一对只能用来作拐杖的翅膀。成群结队的讙头国人，经常扶着翅膀游荡于海边，伺机用他们的鸟嘴捕捉鱼来吃。因神圣的讙头国人有自虚空中直接获得生命能量的道法，体能超常，需要阴水来平衡体阳。因此，在讙头国的旁边有一条清澈的河流，这里有讙头国人所食用的海马和海马

的同类海龙。每到春天，讙头国的雌海马在雄海马的育儿囊中产卵，经过五十至六十天，幼海马会从雄海马的育儿囊里生出来。雌海马产卵，雄海马育儿，这才是阴阳倒置的典范，洪荒宇宙，仅此一例。

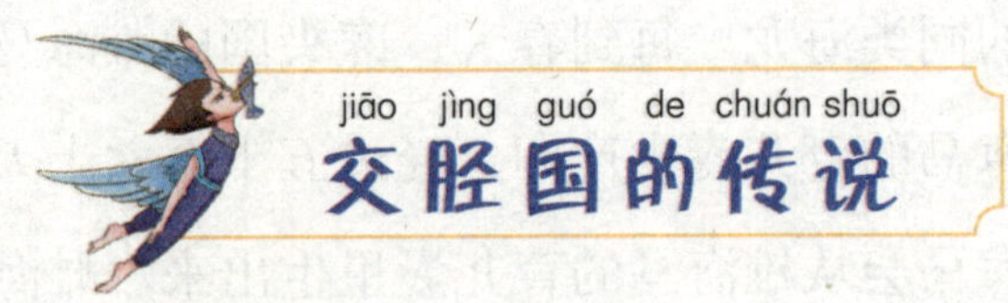

jiāo jìng guó de chuán shuō
交胫国的传说

《山海经·海外南经》记载：在结匈国的东边，还有一个国家，叫作交胫国。交胫国里的人，腿和脚都是弯曲的，还相互交叉在一起，他们走路的时候，也是这样交叉着走的。因为这个原因，交胫国的人身子都很矮，大概也就是普通人身高的一半左右。他们走起路来，都是一瘸一拐的，显得十分奇怪。但交胫国的人却一点都不觉得自己难看，《镜花缘》里多九公和林之洋等人到了交胫国，反倒被交胫国里的人笑话，觉得他们直着腿走路才是奇怪的样子。

其实，这里的交胫国，就是后来的交趾，也就是现在的越南北部。秦始皇统一六国后，派大军南下，在现在的越南北部建立象郡。秦末战乱，南海尉赵佗自立为王，建立南越国，首都在今广州，交趾地区属南越国管辖。后来汉武帝灭了南越国，并设立交趾郡。在之后的一千多年里，交趾一直隶属于中原政权。

唐朝末年，军阀割据，交趾趁势独立，之后宋朝皇帝册封交趾首领为安南国王，于是改称安南王国。十九世纪，阮福映统一大越，建立阮朝，想要改“大越”国号为“南越”，并请求清朝批准。清朝嘉庆帝认为历史上的“南越”与交趾故地不一样，予以否决，并将“南越”二字颠倒，称为越南。

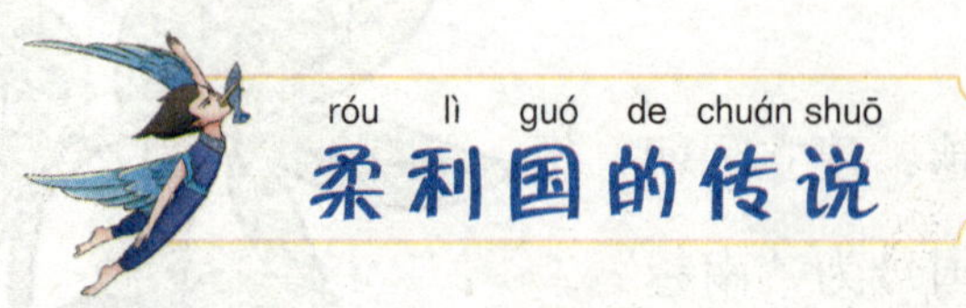

róu lì guó de chuán shuō 柔利国的传说

《山海经》记载：柔利国在一目国东，这里的人一手一足、反膝、曲足。由此可见这个柔利国的人在我们现代人的看来就是标准的残疾人。一手一足，膝盖和常人是相反的，脚是歪曲的，真不明白他们怎么生活。他们的膝盖往后翻转，脚心向上翻转。另外，柔利国人都没有骨头。或许是因为身体没有骨头，可以随便折叠的原因，据说他们是聂耳国的子孙。

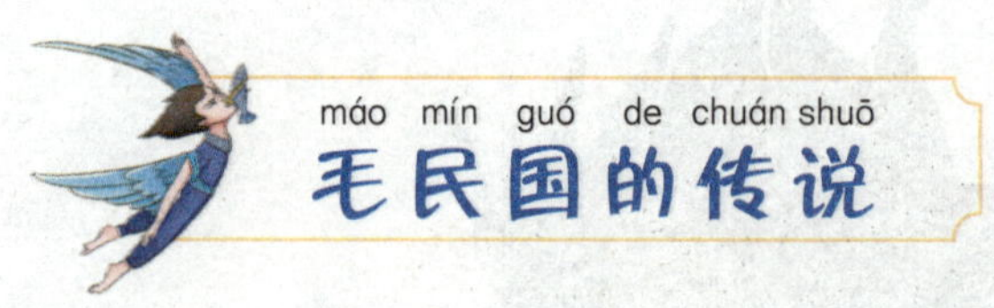

máo mín guó de chuán shuō
毛民国的传说

毛民国的人浑身长满了毛发，像是猴子从猴蜕变成人的中间过程，已经具备了人形，但是毛发还比较旺盛。可能属于比原始人更早的阶段吧！根据《山海经》记载，在海外的东北方，玄股国的北边有个原始的部落叫作毛民国，生活在这里的人都浑身长着长长的毛发。他们看起来与猿类极为相似，却是人形，会直立行走，会使用工具。

据传，毛民国坐落在某森林里的山脚下的一块黄土高地上，其居民住的房屋多是挖的山洞，这些山洞前有个大的广场，广场上有只鸟的雕像，是毛

民国的国家徽标。

毛民国的国民说起话来，口齿极不清晰，他们彼此间只是用极为简单的词语来沟通交流，同时他们不会种庄稼，而是以森林中的野果为生，他们过着极原始而又自给自足的生活。

据传，毛民国因为较为落后，经常会遭到周围部族或野兽的侵袭，一旦受到外部力量的侵扰，毛民国的国民便会变得异常团结，万众一心，共同对敌。

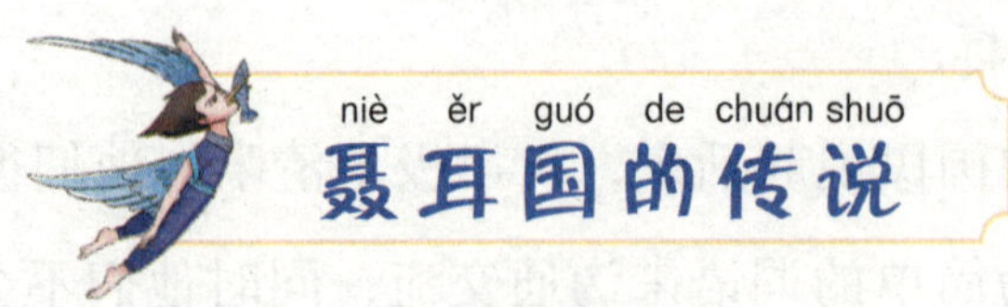

聂耳国的传说

niè ěr guó de chuán shuō

《山海经》记载，有一个叫“聂耳国”的小国，这儿的人耳朵都很大，可以垂到胸前，走路吃饭时都要用两手把耳朵托着。有的人耳朵甚至会垂到腰上，如果不用手扶

着就会摆来摆去，直接把人拖倒。

聂耳国的人能够驯服猛虎，老虎就像他们的宠物一样，随行都跟在身边，他们世世代代都住在海上。

聂耳国的人因为耳朵大，耳垂又很有弹性，因此他们常常把耳朵当弹弓用，在耳垂里夹上石子弹射鸟雀，百发百中。他们行走也不用带包袱，需要装东西就用耳朵裹起来背在背上。出门赶路如果中途需要休息，就用耳朵往地上一铺，另一只往身上一盖，根本不用住店，几根木棍撑起来就是一个随身帐篷。

相传无肠国跟聂耳国曾发生过争斗，他们先是用耳朵弹射，将无肠国人打中，在对方疼痛难忍一时不注意的时候，就扑上去用耳朵将对方裹住，很快敌人就窒息没有了力气，最后束手就擒。

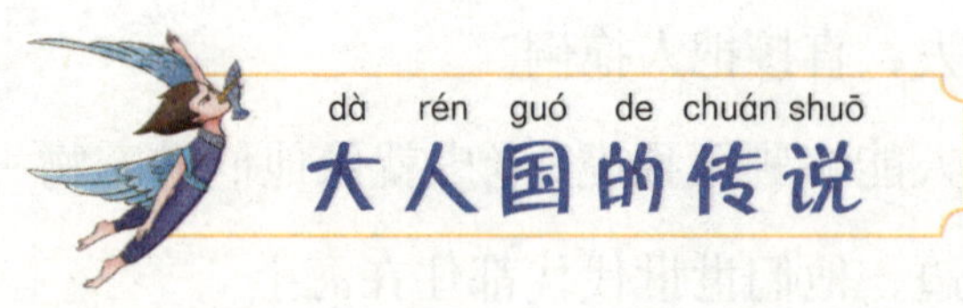

dà rén guó de chuán shuō
大人国的传说

传说波谷山有一个大人国，这个国家的人身材非常高大，很擅长造船。波谷山边有一个大人之市，他们经常在这里与其他国家的人交换物品。据见过他们的人说，大人国的人双腿、双臂颀长无比，双手硕大，长着一对招风耳，赤身裸体，长发披肩，看起来高大威猛。

清代小说《镜花缘》中也曾描述过一个大人国，那是一个自由、社会风气洁净的乌托邦国度。大人国中的国民并没有视觉意义上的高大，只因人人皆是以心生邪恶为耻，积极向善、毫无小人的习气，这种正直的人被称作“大人”。在大人国中，人人脚登云梯，云由心生，云之色便是内心坦荡与否的真实表现。在这里，人们并没有所谓的等级之分，而以心之颜色论高下，即便乞丐也可登上彩云，而即便是高官也可能是黑云护足。可见，就“大人”的字面意思来说，一个人品德高尚、行为正直便可称为大人，这才是人们对“大人”这个称谓的诠释。

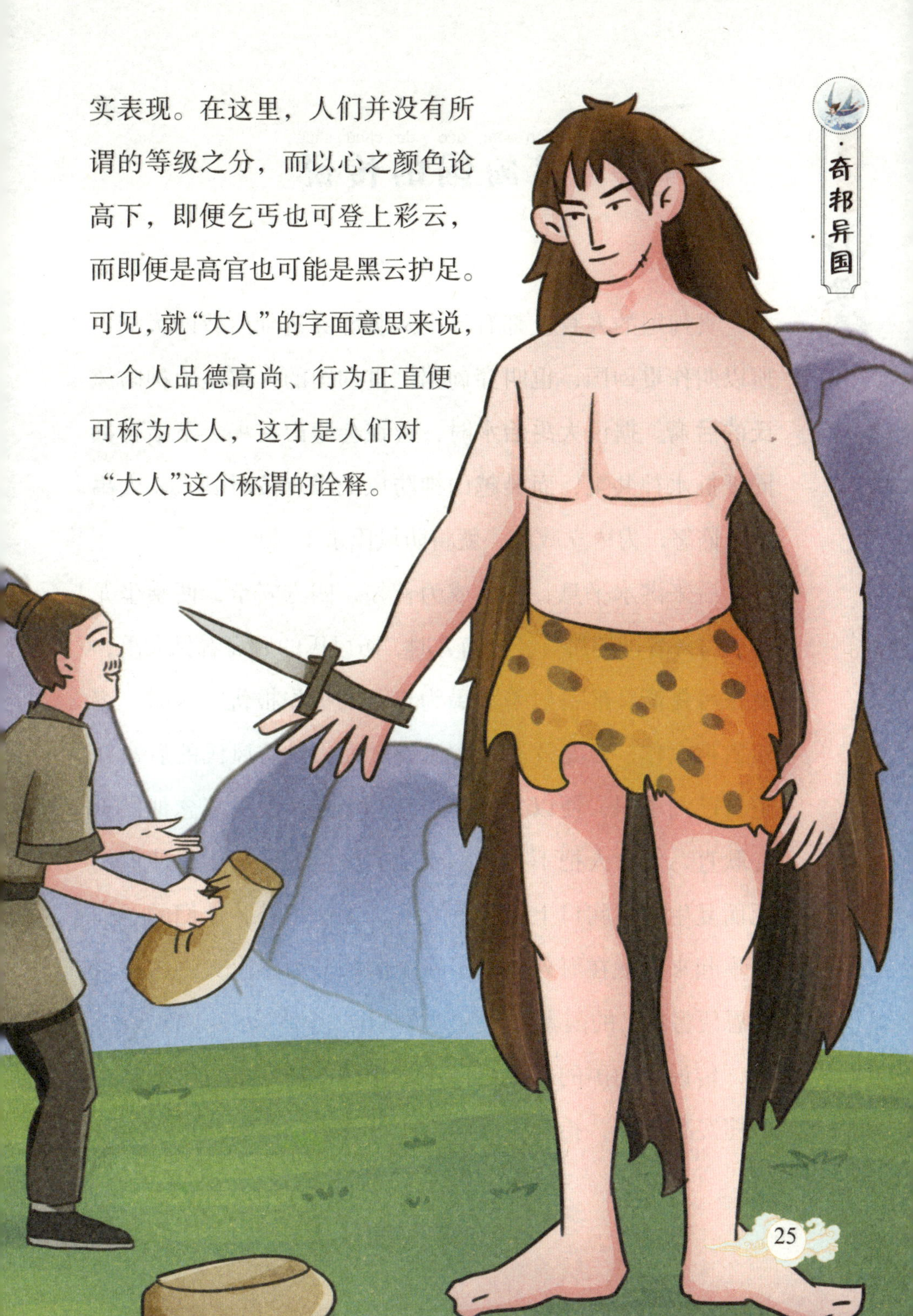

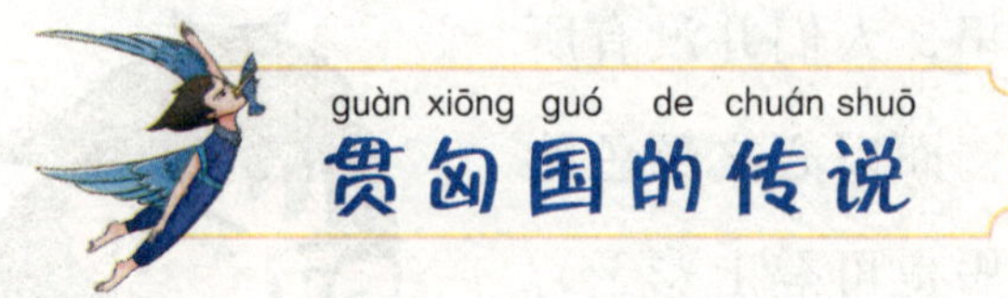

guàn xiōng guó de chuán shuō
贯匈国的传说

贯匈国的人身上都有一个从胸膛穿透到后背的大洞，所以叫作贯匈国，也叫穿匈国。贯匈国的人都是山神防风氏的后裔。据说大禹治水时，曾在会稽山召集天下诸神共同抵抗水神共工，而吴越山神防风氏没有按时到来。大禹十分恼怒，为树立威信，就将防风氏杀了。

后来洪水平息，大禹成为首领，四方安定，便乘坐龙车去海外各国巡游。经过南方时，防风氏的后裔看见大禹，就张弓搭箭，准备射杀大禹为自己的祖先报仇。这时，突然雷声大作，二龙驾车带大禹飞驰而去。防风氏的后裔知道自己闯了祸，便以尖刀自贯其心而死。大禹哀念他们忠心耿直，便命人把不死草塞到他们胸前的伤口中，使他们死而复生，但胸口上留下的大洞却无法填补。他们的子孙聚集起来，就在海外建立了一个国家，为感念大禹的不杀之恩便将自己的国家命名为“贯匈国”。

传说贯匈国的富人出门不用坐轿，用一根竹竿从胸中的窟窿处一穿，抬起来就走，十分省事。其实，贯胸应该是海岛居民以及东南亚各民族一种古老的习俗，就是把胸前和背后的皮拉起来，用刀穿个洞，通过施行“穿胸”的巫术，来寻求神灵的庇护，以此达成所愿。

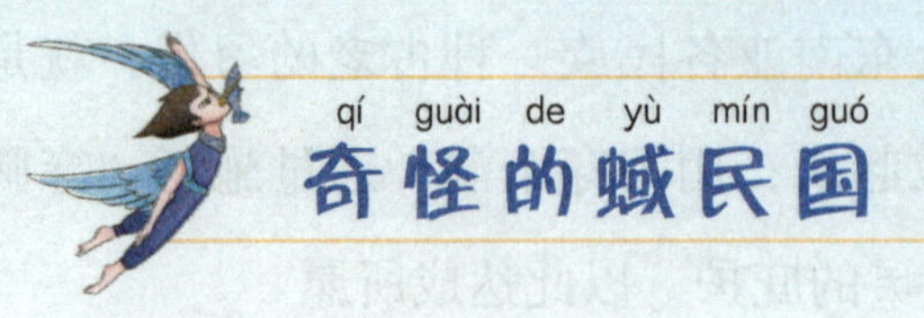

qí guài de yù mín guó
奇怪的蜮民国

在大荒的南边有一座山叫作蜮山，这里有个蜮民国，国内的人以桑为姓，都喜欢吃黄米饭。蜮民国的人虽然长得不算古怪，但有一个极为奇怪的风俗，就是非常喜欢吃蜮。传说中，蜮是一种长相奇异的怪物：背上长硬壳，头上长有角，身上还长有翅膀，可以飞到空中去袭击人。蜮一般生活在江淮地区，它们的口中长有息肉，用来含沙子。它们没有眼睛，但是听觉特别灵敏，只要听到声音便能判断出目标所在的方向和距离。然后它们便用口中的沙当作矢，偷偷地向人射击，被蜮射中的人，开始并不会有很疼痛的感觉，但是会染上毒液而生疮。就算人的身体没有被射中，但只要射中人影子，人也会患病而死。因此，在古老民众的意念中，蜮一直都是阴险狠毒的象征。只有蜮民国的人不怕蜮这种怪物，而且专门喜欢用它来作食物。另外，他们也非常喜欢吃蛇。其国人中有一种职业，专门射杀蜮或蛇来谋生，叫作蜮人。

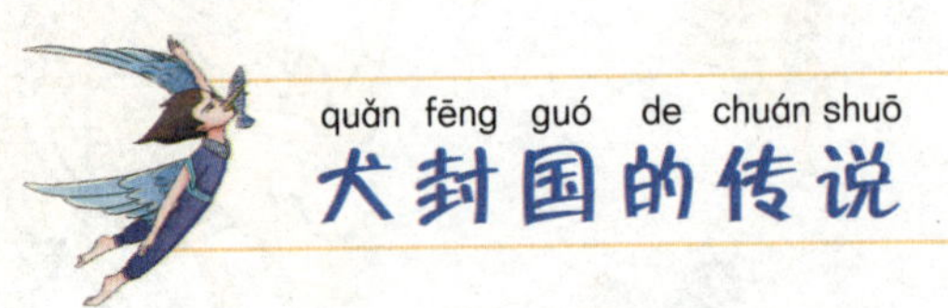

quǎn fēng guó de chuán shuō
犬封国的传说

关于犬封国的起源则来自一则神话。上古帝喾时期，有一老妪忽然得了耳疾，不到一天工夫耳朵肿大，请来大夫挑出一只肉虫，放在盘中，大如蚕蛹，有头有尾有足，

左邻右舍纷纷前来看稀罕，打开盘子只见这虫子长大了，形似小狗。

这事被帝喾知道了，命人把怪物拿进宫中。帝喾的女儿很喜欢这个形似小狗的东西，帝喾就将其留在宫中，取名盘瓠。不久盘瓠长得大如獒，而且五色斑斓，善解人意。帝喾巡视天下，走到云梦泽附近，房国起兵反叛，帝喾被困，危在旦夕，于是发下重赏，有能杀死房王者愿以女妻之。但房国兵多，谁也没办法去解围。这时一直跟随着帝喾女儿的盘瓠逃了，不知去了哪里，帝女十分焦急，想要寻找盘瓠，但没有踪迹。帝喾责备女儿这时候还找一条狗干什么。没想到第二天天明，盘瓠突然窜回，口里叼着房王的人头，房国的士兵大乱，全部缴械投降。帝喾重赏盘瓠。谁知这狗却不要吃喝，只是呆呆地看着帝女。帝喾大怒，畜生居然有此非分之想，就要将其杀死。帝女不忍心，劝住了帝喾。没想到盘瓠突然撞倒帝女，将其驮在背上，直向山中窜去，卫士竟然追赶不上。次日帝喾调集大军进山寻找，依然不见踪迹，而且曾经伺候女儿的一个贴身侍婢也不见踪影。帝喾将这一切归于天意，很是无奈。转眼过去了数年，所有人都认为帝女早已死去，没想到有一日突然有人报告，帝女在宫外求见。帝喾大惊，让人领进帝女。只见进来一位服饰奇异的女子。帝喾分辨许久，见确是自己的女儿，于是两人抱头大哭，又问她这些年是如何生存的。帝女说："那日盘瓠驮着我翻山越岭，不知道跑了多久，来到一个大石洞，石洞里有石桌、石椅、石床，它把我丢在洞里，第二天帮我用石碗衔来清水和食物，但是我贵为帝女，怎么能和畜生为伍，就想要自尽。但盘瓠似乎知道我的想法，把我看得死死的。不几日盘瓠又背来服侍我的侍女，让我

们一起生活。我们两个想趁他不在时逃走，但石洞四周全是悬崖绝壁，无路可走，我们只好在此安居。不久我和侍女都怀了孕，我三年之内生产三次，每次两男两女，侍女也生了三男六女。”帝喾问生的是人是兽，帝女说都是人，但男孩长着一条尾巴。之后帝喾派人将帝女送回山洞之中，并将他们的这些儿女送往西北方，自行婚配。之后他们的子孙繁盛，也建立起自己的国家，并将盘瓠当作始祖，后世便将这个国家称为犬封国。

jūn zǐ guó
君子国

《山海经·海外东经》中讲了一个国家，说这个国家的人非常谦和，非常有礼貌，人和人之间相互谦让，衣冠楚楚，身佩长剑，相当儒雅，性格也特别和善，举止也是彬彬有礼，从来不和人相斗。他们以野兽为食，每个人都使唤两只花斑老虎在身边做侍从。君子国的人虽然能役使老虎，却十分斯文，为人喜欢谦让而不好争斗。据说在君子国中，农民都相互礼让于田畔，行人都相互礼让于道路，不管是官员还是百姓、贵族还是贫民，个个言谈举止都彬彬有礼。在他们国家的集市上，卖主力争要交付上等货，收低价；而买主则是力争要拿次等货，付高价，以至于你推我让，一项交易要经过很长时间才能达成。这个国家的国王还颁布法令，臣民如有进献珠宝的，除将进献之物烧毁外，还要遭受刑罚。这样的社会就是我们从古到今都向往的大同世界、和谐世界。

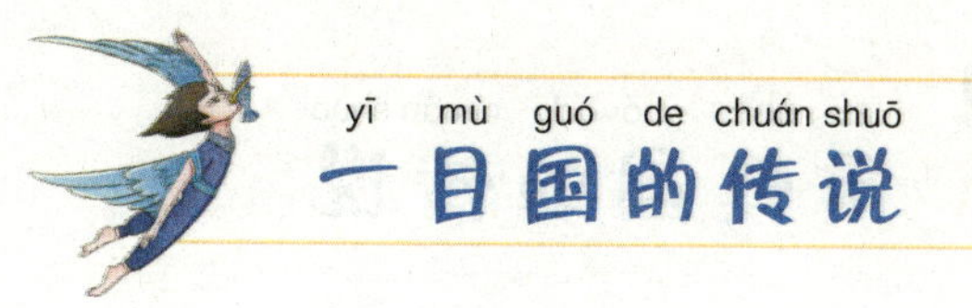

一目国的传说

一目国位于钟山的东面，这个国家的人相貌奇特，只在脸的正中央生着一只眼睛，赤身光脚，腹部系着一个围腰。一目国的人虽然长相奇特，但是他们的来头不小，并不是野人异族，而是正儿八经的帝裔，是少昊的后代。他们因怪异的长相而被其他部族鄙视，又因为他们姓威，威与鬼音近，大家称呼他们的时候便逐渐讹传为鬼族。因此，《山海经》记载的鬼国也就是一目国。

其实一目国是一个有戴面具习俗的国家，人人都戴着独目面具，因此而得名。历史上的一目国在哪里呢？据考证应该是在准噶尔盆地东北边缘，阿尔泰山分水岭处。在距中蒙边界仅数百米的地方，有个山谷，里面有很多岩画，图案是鹿、剑、兽、太阳和鸟等，神秘莫测。其中有一座堪称欧亚北方草原之最的远古人工巨型石堆，图案繁杂，相传应是独目人大王之墓。

这个国家在公元前七世纪或更早时候为中亚草原霸主，他们戴独目面具，很有可能是为了崇拜、模仿某种现象而进行的巫术打扮。因此推断这里就是传说中一目国的所在地。

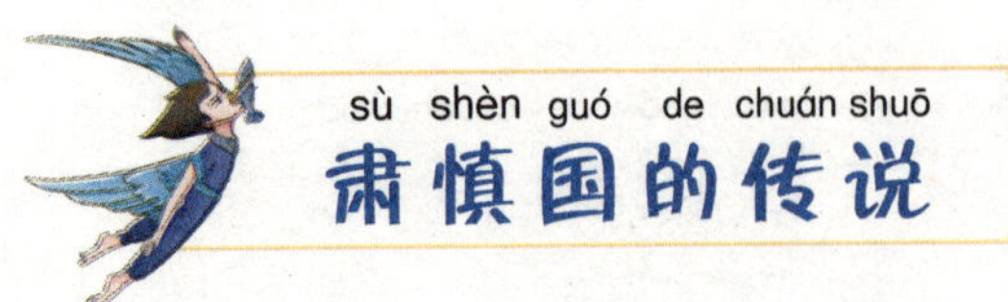

sù shèn guó de chuán shuō
肃慎国的传说

《山海经．海外西经》记载：“肃慎之国在白民北。有树名曰雄常，圣人代立，于此取衣。”

肃慎国的人平时没有衣服，只将猪皮披在身上，冬天总是涂上厚厚的一层油才能够抵御风寒，日子过得十分艰苦。肃慎国境内有一种树，叫作雄常树，具有一种“应德而生”的神力。一旦中原地区有英明的帝王继位，雄常树就会生长出一种树皮，供肃慎国的人制成衣服穿在身上。

这个国度的人们还十分擅长拉弓射箭，他们用的弓长四尺，因为力大无比，所以只用石头做箭头就可以把野兽杀死。国人都是射箭能手，他们的弓很长，力道极强。箭杆用树枝削成，长一尺八寸，用青石磨尖做箭头。箭头上还有剧毒，人兽被它射中顷刻毙命。肃慎国境内有上好的貂皮和赤玉。肃慎国又叫勿吉族，始见于南北朝，历史很悠久，大禹时就已有肃慎之民的记载了。实际上，肃慎国的地理位置，在今松花江东流段和北流段地区，即松嫩平原和三江平原的广大地区。

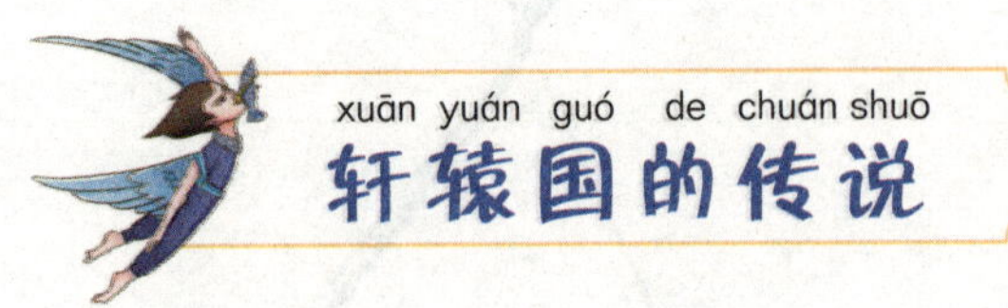

xuān yuán guó de chuán shuō
轩辕国的传说

在女子国的北边，有一个国家叫轩辕国。这个国家里的人长着人的脑袋、蛇的身子，尾巴就盘绕在头顶上。他们很神奇，即使不长寿也能够活到八百岁。在这个国家的西面有一个小土丘，叫作轩辕之丘，是黄帝曾经居住的地方，常年有四条蛇在那里守卫。轩辕国的国人射箭，不敢朝着西面射，因为怕射到轩辕之丘。

黄帝是中华民族的“人文始祖”，他是有熊国国君少典的儿子，二十岁继承了有熊国国君的位置。有熊氏本来是一个小部落，隶属于当时的神农氏部落联盟。黄帝当国君的时候，神农氏部落已经开始衰落，尤其是东方蚩尤部落崛起，强有力地挑战着神农氏的地位。于是黄帝便趁两强相争的机遇，迅速扩张，打败并且招降了很多部落，于是中原大地便形成了炎帝、黄帝、蚩尤三足鼎立的局面。

后来，黄帝打败了炎帝，并与炎帝部落合并，接着就进攻蚩尤。

三年里与蚩尤打了九仗，都未能获胜，最后黄帝集结

部队，在涿鹿与蚩尤决战，终于擒杀了蚩尤，统一了中原各部落。于是黄帝就成了华夏始祖，一直受后人敬仰。

yàn huǒ guó de chuán shuō
厌火国的传说

上古传说中有一种人兽，样子长得与猕猴有几分相像，全身黑色，长得很丑，浑身都是黑色的毛发，人称“厌火民”，他们所在的国家叫作厌火国。别看样子不起眼，人家自带一种超强技能：食炭喷火，就像是一个移动的肉体喷火器。

厌火国是南方的一个部落，这里的人半人半兽，人面兽身。“厌”就是满足的意思，而对于厌火国的人，天生对火有着一种变态的贪婪，从来都不会满足。不像我等凡人，需要五谷杂粮才能维持生存，厌火国的人从来不用吃这些凡俗的东西，是因为他们平时以火炭为食。饿了，就吃几块火炭充饥；一张嘴说话，嘴角都会冒火星子。他们的身体就似一个火炉，所以他们不知道寒冷为何物，也不怕热，因为他们每天都生活在火焰中。但他们也有烦恼，是一种生活在他们国度里的异兽祸斗带来的。祸斗的外形很像狗，通体黑色，毛发泛着闪亮的光泽，它们是火神的助手，非常神气。

祸斗只吃火焰，雷神驾驶雷车巡游大地的时候，祸斗就跟在后面。雷神不小心在森林、市镇里引发了火灾，祸斗就会冲上去，大口吞食火焰。没事的时候，祸斗常常聚集在厌火国。但祸斗不讲卫生，经常随地大小便，它们的排泄物也是火焰，常常会引起火灾。因此，厌火国的人很讨厌祸斗，所以就用“厌火国”作为国名。

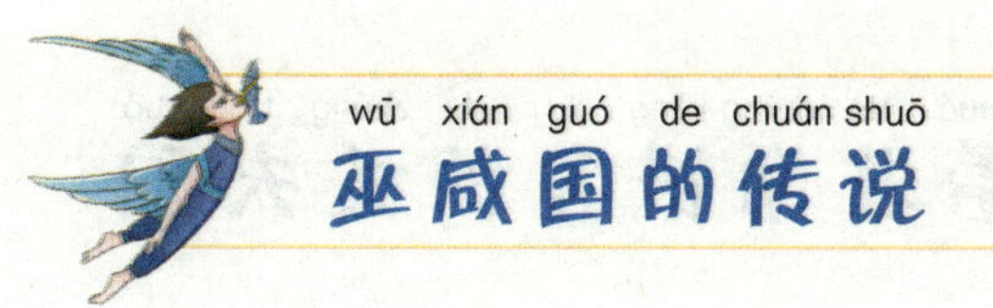

巫咸国的传说

巫咸国位于女丑尸的北边，该国的人右手握一条青蛇，左手握一条红蛇。在登葆山上，有巫师们上山下山的道路。巫咸，唐尧时人，以作筮著称，能祝人之福疾，知人之生死存亡，尧帝敬之为神巫，并封为良相。生前封于登葆山，死后葬于山中，并封巫咸所住的地方为巫咸国，巫咸的儿子自然是巫咸国的国王。《山海经》里巫咸相当于群巫之首。

巫咸国是一群由巫师组成的国家，最为出名的有巫咸、巫即、巫彭、巫姑、巫礼、巫抵、巫罗等十个巫师。他们左手握着一条红蛇，右手握着一条青蛇，常常从登葆山上到天庭，把人民的意愿传达给天帝，随后又从那里下来向人民转达天帝的意旨。他们还顺道采集一些名贵的仙药，替民间百姓治病。

巫咸国的传说并不是空穴来风，据考古研究发现，巫咸国的具体位置可大致确定。在巫山脚下有一条发源于大巴山的河流，叫作巫溪，全长二百多里，这里便是史料中所记载的巫咸国。

chuān zhuó fēi cháng jiǎng jiu de zhàng fū guó
穿着非常讲究的丈夫国

《山海经·海外西经》记载：丈夫国在维鸟的北边，这里的人非常讲究穿衣戴帽，腰间佩剑，一副彬彬有礼的模样。

他们对穿着非常讲究，喜欢戴帽子，一是为了防晒，二是为了看起来更帅。穿着时尚搭配优雅的人，回头率更高，更容易广交天下好友。

他们腰间佩剑，平时的娱乐就是斗剑。他们一般不学辟邪剑法，年轻人都喜欢玩六脉神剑，练习一下追魂夺命剑，遇有大敌入侵，必须使用独孤九剑。老人就在家里练太极剑，强身健体，只是这个国家老人极少。

据说殷帝太戊为求长生不老药，派药官王孟带队出发采药。他从西王母处出发，翻山越岭走过大沙漠，走到丈夫国时已经是筋疲力尽，饿得饥肠辘辘。此时，口袋的干粮没有了，不能继续寻找仙药，只能看看周围有什么填肚子的。饿了就找野果，冷了只能把树皮剥下来当衣服防寒，在这里艰难度日，祈祷神灵来救他。王孟沦落至此地，一辈子未曾娶妻，一心只想采药，但是突然一天生了两个儿子，他们是从王孟的背部肋骨之间生出来的。生完儿子之后，他丧失了能量，于是死了回归大自然。一生二，二生三，三生万物，丈夫国的人口不断增长，但是始终逃脱不了生娃就死的命运。

奇肱国的传说

jī gōng guó de chuán shuō

奇肱国跟在它南面的邻居一臂国是同种不同族的血脉兄弟。他们的造型、打扮乃至喜好都相差无几——只有一只手，都喜欢驯养、乘坐一种有虎纹的马。

唯一能区别他们的是眼睛和鼻孔，一臂国人只有一只眼睛一个鼻孔，奇肱国人则有三只眼睛。

作为神之遗民，正经八百的神族，奇肱国人当然也有自己的特异之处，史载他们擅长制作精巧的机械，比如飞车、飞船什么的,只要有风的地方,他们的飞行器都能正常使用。

上古时代还没发明航空发动机，能把人造机械送上天自由飞翔的，怎么也不可能是普通人类。他们的眼睛分阴阳，双目为阳，中间那只眼睛属阴。阴眼、阳眼的具体作用历来说法很多，不过从奇肱国人的造物成就来看，他们的阴阳眼肯定是他们能造出飞车、飞船的关键，虽然奇肱国的人们总是谦虚地说多一只眼睛只是让他们可以不睡觉，有更多时间研究制造技术。但也许三只眼能让他们看到我们看不到的一些东西呢。

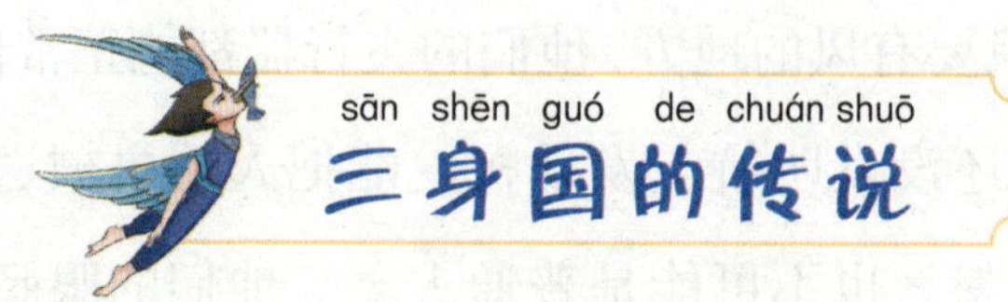

sān shēn guó de chuán shuō
三身国的传说

三身国在夏后启所在之地的北边。该国的人都长着一个头，却有三个身体。他们都姓姚，以黍为食物，能使唤四鸟，应该是属于鸟族的。虽说是四鸟，其实是指豹子、老虎、狗熊、人熊四种野兽，这些人都是帝俊的后代。帝俊是中国古代神话中的上古帝王，在《山海经》中多次出现，地位很高，但在后世的神话中却语焉不详。这是因为帝俊是商王朝信奉的最高神，也是所有东夷部落供奉的祖灵，但商王朝被周取代之后，东夷也成了被统治者，周王朝的神话也取代了商王朝的神话，周人信奉的黄帝也就取代了帝俊的地位。周朝建立之后，对曾经强大的东夷依然保持高度警惕，并采取了很多手段分化、压制东夷部落，很多东夷部落不堪压制，就四处迁徙。其中三身国就逃到了大荒西面。三身国是帝俊的嫡裔，相传帝俊有三位妻子，当年帝俊的妻子娥皇所生的孩子就是一首三身，他们的后代繁衍生息，渐渐地成了三身国。

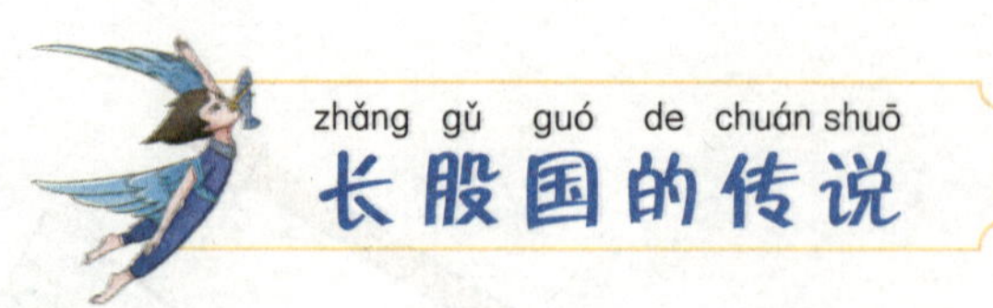

zhǎng gǔ guó de chuán shuō
长股国的传说

长股国位于雄常树的北面，那里的人都赤裸上身，披散着头发。传说长股国国民善于捕鱼，他们的身体跟普通人别无二致，就是双腿奇长无比，可达三丈，行走时就像踩着高跷一般。

长股国国人很喜欢吃鱼，可是他们腿太长，捕鱼的时候，弯下腰手都探不到水里，于是就和长臂国人相互配合。曾有人看见一个长股国的人背着一个长臂国的人在海里捕鱼，他们不用坐船，身上的衣服却一点不会被浪花打湿。其实，长股国的国人并不是真的腿长，而是因为他们踩了类似于高跷的工具去捕鱼。现在在南方，仍有踩着高木跷在浅海撒网捕鱼的习俗。

还有一个说法是，古时有些部落以鹤为图腾，在祭

祀的时候，人们模仿鹤，踩着高跷来跳舞。如果被证实，那么说明商代后期，这种踩高跷的舞蹈形式就已经比较普及了。

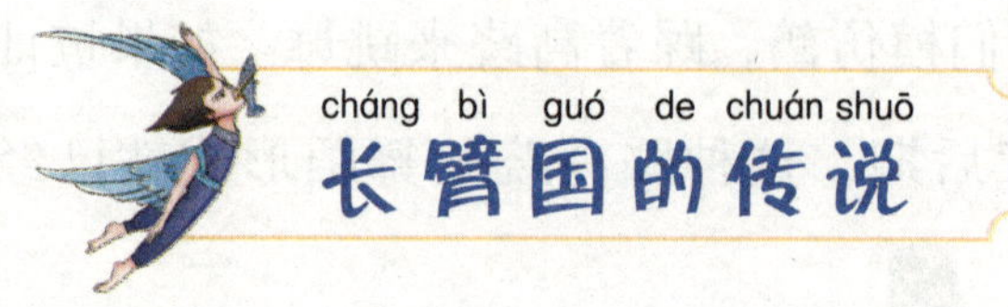

chánɡ bì ɡuó de chuán shuō 长臂国的传说

很久以前，玄菟太守王颀讨伐高句丽，一路穷追不舍到大海边，只见一位老人拖着渔网，在沙滩上不时地拣拾着什么。

王颀上前拱了拱手：“老先生，请问大海的东面有人否？”老人直起身来依旧有些佝偻，他用手背擦了擦额角的汗道：“不瞒您说，我在海边居住，经常发现大海中漂浮着一些衣服，这类衣服长度正常，唯衣袖有三尺长，怪哉！怪哉！”

原来传说中有一个国家叫长臂国，长臂国子民在水中捕鱼时，喜欢两手各执一鱼，手臂与常人不同，格外修长。

长臂国又叫修臂国，其国人的身高跟正常人差不多，但是手臂很长。有的人说他们的手臂比身体还长，有的人说他们的手臂有十米长。长臂国的人喜欢吃鱼，他们都是渔民，擅长捕鱼，尤其是有两条长长的胳膊，都不用弯腰，就可以摸到水里。捕鱼时，长臂国的人常常与长股国的人一起合作。

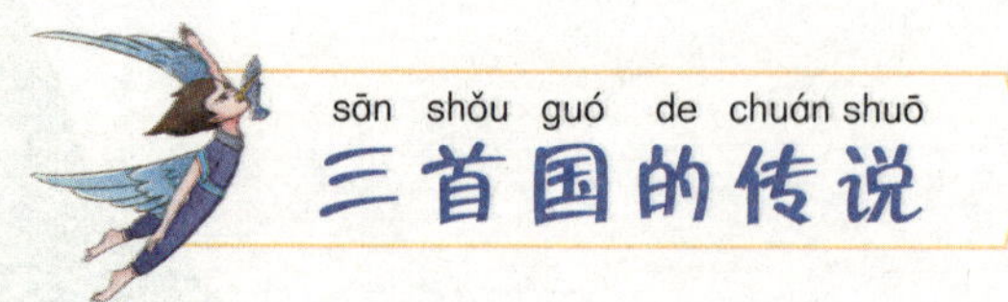

sān shǒu guó de chuán shuō 三首国的传说

三首国在寿华泽的东边。三首国的人都长着三个脑袋，但只有一个身子、两只胳膊、两条腿。据说他们的三个头上的五官和思想都是相通的，一个脑袋上的眼睛看到的东西，另外两个脑袋上的眼睛也都能看到；一张嘴张口吃东西，另外两张嘴也就不馋了；只有呼吸是由各自的呼吸通道独立进行的。

三首国的人有一项神圣的职责，就是看护神木琅玕。琅玕是一种很神奇的仙树，这种树上结出的果实是最珍贵的珠玉。琅玕生长在昆仑山中，这里是天帝之都，由神人陆吾负责看管。但陆吾位高权重，每天日理万机，没有时间去照料神树，就委派了三首国的人看管它们。

三首国的人于是成了琅玕的园丁，平日里除草施肥，赶鸟捉虫，保证琅玕茁壮成长。琅玕结果之后，三首国的人还要时刻保护果实。琅玕的果实是顶尖的美玉，常常会有不法之人去偷盗。三首国的人非常认真负责，在他们的用心照料下，琅玕树不仅长得好，果实也保存完好，没有被偷走过。

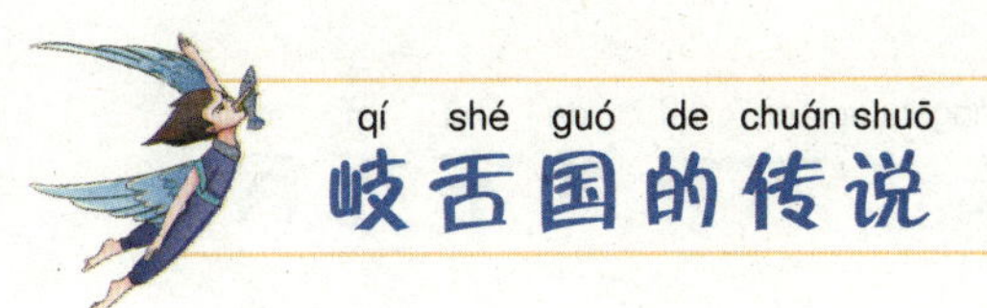

qí shé guó de chuán shuō
岐舌国的传说

《山海经·海外南经》记载：有一个岐舌国，有人说在不死国东边。比如蛇的舌头就有分叉，从这个角度来看，岐舌国的人要么是一种遗传缺陷，造成这里的人一出生舌头就分叉，要么就是一种风俗，后天使用某种方法使舌头分叉。比如生活在缅甸的布岛族，他们喜欢小时候就往脖子里套铜项圈，随着年龄增长越套越多，最多能套十几个，造成布岛族脖子比一般人要长很多。在古代，关于舌的说法有三种：歧舌、支舌、反舌。岐舌指一个舌头分成两个。支舌是分支的意思，有主次之分，大概是指第二个舌头。反舌，指的是舌头反着长，外粗内细。《吕氏春秋》高绣注：“一说南方有反舌国，舌本在前，末倒向喉，故曰反舌。”

岐舌还有一种解释是指岐山方言，我们常说的“鹦鹉学舌”中的“舌”指的不是舌头，而是说话的意思。我们知道上古岐山有一位名医叫岐伯，据说岐伯随广成子、赤松子、中南子等仙人学艺，白天时要尝药性，晚上习养生之道，掌握经络之术，《黄帝内经》记载的就是黄帝与岐伯的对话。

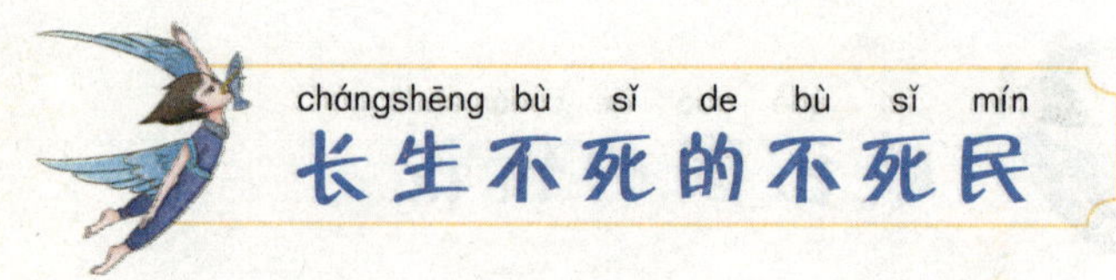

chángshēng bù sǐ de bù sǐ mín
长生不死的不死民

人生在世想要做的事那么多，但一生只有短短几十年，怎么够？于是人们就想到了长生不死，但想归想，真正做到却比上天还难。从富有四海的帝王到平凡度日的百姓，怀抱着这一梦想的人从古至今不知道有多少。因此，在我国上下五千年的历史中出现了无数关于长生不死的传说，而其中又以《山海经》最为经典。

在《山海经·海外南经》中记载了一个不死的种族，名曰不死民。不死民，顾名思义，那他们实现了多少人几千年不死的梦想，着实让人有些羡慕。不过他们浑身黝黑，至于为什么他们能够不死呢，据说是因为在不死民居住之地附近有一座名叫员丘的山，山中有一种不死树，若是吃了树的果实便可长生不死，功效有点类似于王母的蟠桃。

在《大荒西经》中有这样一段记载：“有人焉三面，是颛顼之子，三面一臂，三面之人不死。”可见能够不死的不仅仅是不死民，还有三面之人。三面之人并不是如哪吒一样有着三头六臂，而是一个头上有三面人脸。不过人

家是颛顼之子，也就算是黄帝的后裔，所以不死好像没什么了不起的，毕竟是神的后代嘛。

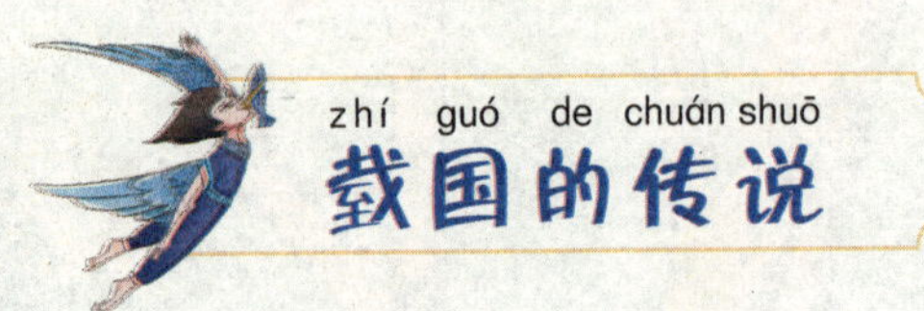

zhí guó de chuán shuō

载国的传说

载国在三苗国的东面，国人黄色皮肤，擅长操持弓箭射蛇。他们是帝舜的后裔，帝舜生了无淫，无淫生活在载这个地方，是载国的祖先。传说载国的国人生活安乐，衣食无忧。他们不用纺纱织布，就有衣服穿；不用耕种五谷，就有粮食吃。这里鸾鸟歌唱，凤凰翔舞，百兽群聚，和平相处，一派和谐景象，是古代先民心中的世外桃源。

其实，这个叫载国的部落很有可能是我国西南地区一个靠盐而兴的古老部落。载国境内的山上，有广阔无际的盐池，也有溶盐的泉水从地下涌出。国人又发现煎煮此地的泉水也可得到盐。听闻此处产盐，别国的人就带着粮食和猎物前来交换，这样一来，载国人足不出户便能得到足够的五谷和肉食。而那些外来的人也得到了食盐，双方各取所需，皆大欢喜。

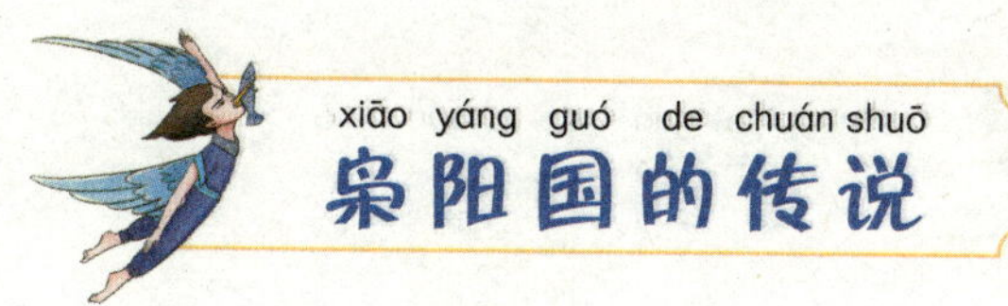

xiāo yáng guó de chuán shuō
枭阳国的传说

枭阳国的人都长得很奇怪，样子虽然像人，但是嘴唇又大又长，黑黑的身上长着长长的毛，脚跟在前而脚尖在后，一看见人就张口大笑。枭阳，又叫枭羊，原是指狒狒之类的野兽，由于枭阳国的人长得像狒狒，就以此来称呼他们，并把他们的国家叫作枭阳国。枭阳国的人很喜欢笑，由于他们的嘴唇很大，一开怀大笑，嘴唇就翻上去把额头盖住，连鼻子、眼睛都看不见了。

在民间传说中，枭阳国的人被认为是一种介于人兽之间的一种野人，性情极为凶暴。据说他们抓到人后，会先把厚嘴唇翻过来盖在额头上一阵大笑，等到笑够了，才开始吃。后来就有聪明人想出了对付他们的办法，先拿两个竹筒套到自己的胳膊上，等他们抓到胳膊开始大笑的时候，人们就迅速把胳膊从竹筒里抽出来，掏出匕首一下子扎在他们的额头上，这样就把他们的厚嘴唇钉在额头上，眼睛鼻子被挡上了，于是人们不费吹灰之力就抓住了这高大的怪物。

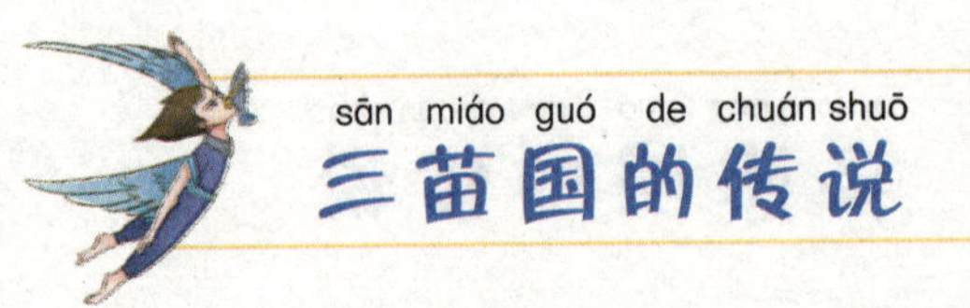

sān miáo guó de chuán shuō
三苗国的传说

三苗国位于赤水的东面，那里的人都生有翅膀，但翅膀很小，且生在腋下，所以只能用来观瞻而不能飞行。三苗国的人有一个特点，他们都是一个人跟着一个人，亦步亦趋地行走，看起来十分怪诞。

历史上真实的三苗国，在尧时期已经立国了。三苗与尧同为羌人，后来，尧将天下让给了东夷族的舜，这让三苗族很不服气，便发生了叛乱。于是尧便发兵征讨，在丹水打败了三苗族。之后，尧就将三苗族的首领驩兜流放到崇山，而三苗族人中的一部分被流放到中国西北的三危山，即现在的甘肃敦煌一带。

后来，舜执政后，三苗国仍然没有放弃攻占中原的想法，经常对中原各国进行骚扰。面对三苗的不断骚扰，舜采取了两手策略，一方面是用战争的手段，武力应对三苗的进攻；另一方面是积蓄力量，推动中原文化向南方渗透，加强对三苗国的影响和渗透。这种两手策略取得了很好的效果，三苗之乱最终被平息了。为了让三苗部族臣服，一方面在三苗部族内部发展生产，巩固联盟内部的团结，采取了文教感化与武力征服相结合的政策；另一方面又进一步采用分化、瓦解的政策，通过军事迫使三苗部族离开本土，让他们其中的一部分不断地向东南迁移。他们翻过了终年积雪的秦岭，再渡过嘉陵江上游而进入了汉水流域。后来，这些三苗部族与羌人不断融合，演化成了中国古代的“羌族”。

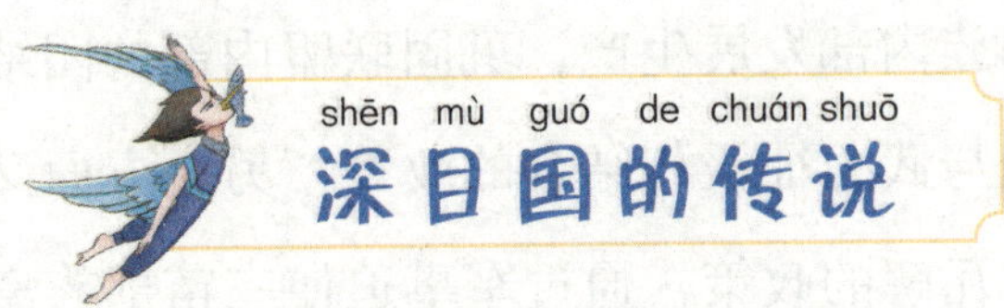

shēn mù guó de chuán shuō
深目国的传说

深目国的人没有眼睛，高高举着一只手，手上生着一只大眼睛，如果想看上面，就手掌朝天；如果想看下面，就手掌向地；想看前后左右，也十分灵便。《镜花缘》中载：“林之洋道：‘幸亏眼睛生长在手上，若嘴生在手上，吃东西的时候，任你再会抢也抢不过他。不知深目国的人眼

睛会不会近视？若将眼镜戴在手上，倒也有趣。请问九公，他们的眼睛生在手上，是什么缘故？’九公道：‘依老夫看，大概因为近年来人心叵测，和以前没法比，正面看人难以捉摸，所以把眼睛生在手上，取其能眼观六路，耳听八方之意，他们这的人就是小心谨慎。’唐敖道：‘古书上虽然有眼睛生在手掌上的说法，却没说原因。今天听九公这番见解，真可弥补古书上的不足。’”

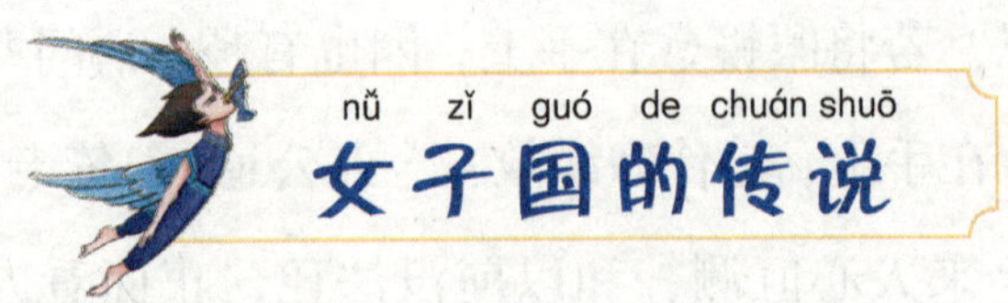

nǚ zǐ guó de chuán shuō
女子国的传说

《山海经·海外西经》载:“女子国在巫咸北,两女子居,水周之。”

女儿国,在传说中称女子国,是一个只有女子存在的国家。据说女子国的人在长大成人之后,便会到当地一个名叫黄池的池塘中去沐浴,出浴后就会怀孕。

若是不想沐浴呢，也可以选择去窥井。那井是一口神井，窥之则能使人怀孕，无论男女。她们也有可能生下男娃，但是男娃最多长到三岁就会夭折了，所以这个国家也不是故意当女子国，而是水土不支持男性生长。

为什么一个地方只有女人而没有男人？在古书里面也有解释。《异域志》说道，女儿国乃纯阴之地，在南海的东面，其流淌数年，水面的莲花有十丈高，莲花长二尺。若是有男性来到女儿国，便会被处死。

唐代高僧玄奘大师的《大唐西域记》里曾对女儿国有记载，女儿国并非没有男子，只是没有生育能力。在《旧唐书》里也有一段关于女儿国的记载，与玄奘大师的记载相似度

极高。这两本史书比较严谨，可见这些内容并非空穴来风。

如此看来古代可能真有女儿国的存在，只是后来随着社会的发展，女儿国的人可能开始与外来人口结合，慢慢地就在历史上消失了。女儿国中的女子的权利和地位远高于男子，以女子为王，是一个神秘的国度。

怪兽鸟鱼

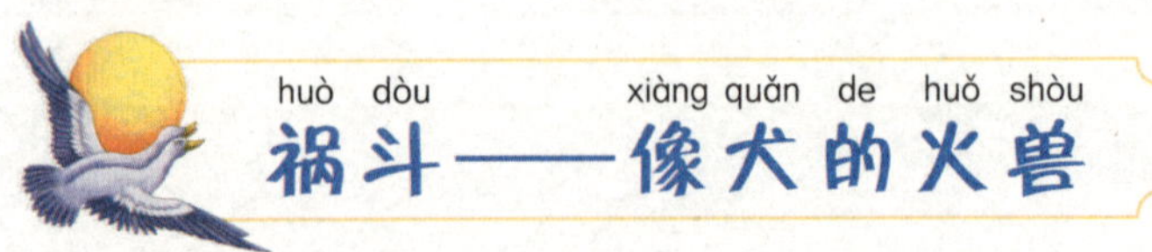

祸斗——像犬的火兽

huò dòu xiàng quǎn de huǒ shòu

“祸斗”被形容为外形像犬的妖兽，可以喷出火焰。

祸斗的外形和一般的狗没有什么两样。不过它通体的毛都是黑色，并且泛出特殊的光泽，尾巴尖上是开叉的。仅凭外表，无法觉察出有任何异样。但这并不妨碍它们担

任火神助手的工作，有时火神因为某些原因离职，祸斗甚至要接手神的职责。一般犬吃的食物让祸斗感觉索然无味。它们对蜥蜴、昆虫、鼠类没有感觉，对大型动物的尸体也不屑一顾。作为火神的随从，甚至有时就是火神的犬类，祸斗只吃火焰。雷神驾驶雷车在大地巡游的时候，祸斗就跟在他们后面。雷神抛下的雷斧楔石在人类的森林、市镇里引发了大火。这个时候，祸斗才有机会冲上前去，大口吞食火焰，填塞饥饿的肠胃。让人略感惊讶的是，这种动物的排泄物也是火焰。看上去，这灼热的能量仅仅是从它们的口腔进入，在经历了一串跌宕起伏之后，由祸斗的后部夺门而出。偶尔火焰也从它们的口中喷出，这一情况带来的常常是恐怖的火灾。根据《山海经》的记载，在不需要进食的时候，祸斗们常常聚集在南方海外的厌火国。这个国家的得名即因为祸斗的到来。

xīng xīng
狌狌

狌狌是中国古代神话传说中形似长毛猿的兽类，长有一对白耳，既能匍匐，也能直立行走。据说吃了狌狌的肉，有健步的作用。狌狌是神奇的野兽，传说它通晓过去的事情，但无法知道未来的事情。狌狌有美丽的笑容、光滑的足。狌狌贪酒，还喜欢穿漂亮的红鞋子，所以，可以利用这两点来抓捕。在荒野中放上美酒，陷阱不用加任何掩饰，再在酒坛子旁边放一些时尚的绣花鞋，把鞋带偷偷地系在一起。等到狌狌们寻味而来，见到酒和鞋子，就会痛骂猎人们的无耻与贪婪，甚至会骂到他们的祖宗八代，再隐秘混乱的谱系对狌狌而言都不是秘密，因为它们知道所有人的名字和关系。很多史料都说要吃狌唇，并把狌狌的唇列入为山珍海味的名单中。

酒

lù shǔ
鹿蜀

根据《山海经》的原文我们可以知道，鹿蜀是一种生活在杻阳山的野兽，长得像马，白色的头，红色的尾巴，身上是老虎的斑纹，叫声像是在唱歌，穿了鹿蜀的皮毛就

会多子多孙。鹿蜀四肢发达，非常擅长奔跑。很多人在看到“其纹如虎”的时候，就会认为是现实中的斑马。因为在很多人的认知中，只有斑马长得像马，身上还有老虎的斑纹。斑马和鹿蜀唯一的差别就是尾巴不是红色，这很可能是后来演变的结果。在现实中，除了斑马，还有另一种动物也符合《山海经》中鹿蜀的特征，这种动物还有角，和斑马一样来自非洲，叫霍加狓。

xuán guī
旋龟

《山海经》里的旋龟，嘴巴像老鹰，尾巴却像蛇，只有身子和普通的龟类相似。它的声音就像劈木头一样，据说把它带在身上就不会耳聋，很多人都喜欢把它带在身边。旋龟是一种吉兽，发出的声音能够振聋发聩，让人幡然醒悟，不再浑浑噩噩，因此佩戴旋龟形状的饰物就不会被周围的人、事物蒙蔽，以免变得像“聋哑人”一样。旋龟之所以能够在神话中留名，是因为它还跟大禹治水有一定关联。

旋龟驮着息壤，跟随在大禹的身后，以便在洪水退去的时候，大禹能够随时取出息壤，填补那些纵横交错的水道，更改河流的方向。

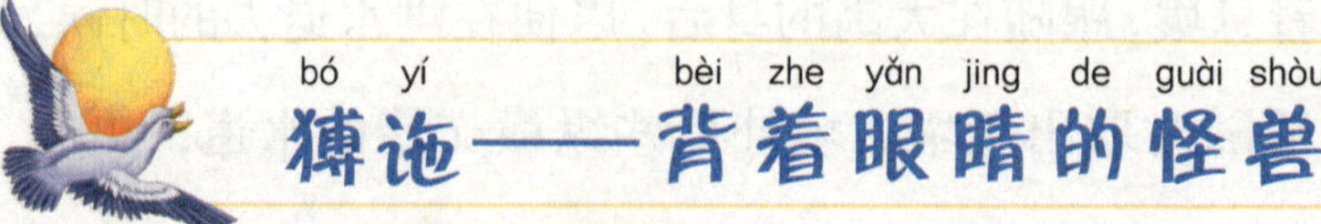

bó yí bèi zhe yǎn jing de guài shòu
猼訑——背着眼睛的怪兽

从柢山向东三百里，到了基山。基山的阳坡盛产玉石，阴坡生长着许多形态怪异的树。山上也有一种异兽，长得像羊一般，有很大的羊角，长了四个耳朵，眼睛长在背上，还有九条尾巴，名叫猼訑。羊在人们的认识中总是代表着

温顺、娇弱，但是猼訑不同，传说只要把它的皮毛佩戴在身上，就会变得异常神勇，无所畏惧，驰骋天地之间。诸多异兽中，可以说猼訑是最为神异的了。它虽然长相极为温顺，但实则凶猛、神勇无比。四只耳朵，顶生长角的形象使它更加威风凛凛。更厉害的是身有九尾，要知道九是最大的阳数。中国古人尊十崇九，把十看作一切的概数，同时认为九是阳数之极。

jiǔ wěi hú
九尾狐

相传青丘山（今广东灵池山）的南坡盛产玉石，北坡出产青色涂料。有很多人到青丘山上挖矿，可是，前去挖矿的人全都失踪了。

于是，民间有了种种离奇的传闻：青丘山中有一只可怕的九尾狐。九尾狐狸用它的叫声迷惑人，失踪的人都是

被它的叫声迷惑以后被它吃掉的。如果人能抓住九尾狐，吃了它的肉，就能不中妖邪毒气了。

据说有一个善良勇敢的年轻人决心找到九尾狐并杀死它。他爬上青丘山，听到旁边的灌木丛中有声音，就循声走过去，发现灌木丛中有一只长得像斑鸠的小鸟在拼命挣扎。他把小鸟救出来，小鸟对年轻人发出“灌灌”的叫声表示感谢。小鸟从自己身上啄下一根羽毛，插在年轻人的发髻上。年轻人继续往前走，忽听前面的山洞里传出婴儿的啼哭声。年轻人心想：“是谁把婴儿丢弃在山洞里了？”之后决定去洞中看一看，但这时他发髻上的那根羽毛发出一道光，年轻人猛然醒悟，原来婴儿的啼哭声是九尾狐的叫声，这是引诱人上当的。他这才明白，小鸟灌灌的羽毛插在身上能使人抵抗九尾狐的诱惑。年轻人手握利刃，冲进洞中，里面果然有一只白色的九尾狐，它正等着被迷惑的人乖乖送上门来呢！年轻人手起刀落，杀了毫无防备的九尾狐。

九尾狐虽然性格凶猛，还会吃人，但有时候却被当作一种瑞兽，是国家祥瑞和子孙昌盛的象征，常与玉兔、金蟾一起站在西王母之侧。这是由于九尾狐亦正亦邪，如果是在好年景，九尾狐就不吃人而是预示祥瑞；如果遭遇灾年乱世，九尾狐就趁乱偷偷地吃人。

狸力

狸力是古代中国神话传说中的神兽之一，是柜山上的神兽。它的样子像猪，脚上长着鸡足，叫起来像狗吠，主要分布在我国的东北、西北、华南、中南等地。它头扁，鼻尖，耳短，脖子短粗，尾巴较短，四肢短而粗壮，爪有力适于掘土，经常在洞里生活，背毛硬而密，基部为白色，近末端的一段为黑褐色，毛尖白色，体侧白色毛较多。它的下颌、喉部和腹部以及四肢都呈棕黑色，多栖息在丛林、荒山、溪流、湖泊或山坡丘陵的灌木丛中，喜群居，善挖洞，食性很杂。见到它的地方，地面多起伏，所以推测狸力善于挖土。哪个地方出现狸力，那里就一定会有繁多的水土工程。

带来洪灾的四耳猕猴长右

dài lái hóng zāi de sì ěr mí hóu cháng yòu

长右是一种生活在深山的野兽，身形像人但长满猪一样的鬣毛。也有人说像大猩猩的，会冬眠，叫声如同砍木头发出的声音一样，有四只耳朵。长右的鸣叫声特别像是人类发出的呻吟声，它一出现，其所在的地方常常会发生大水灾，所以人们认为它的出现预示着灾祸，而它也算是人们心目中的灾星了。《山海经》曾提到，长右兽“状如禺而四耳”，禺是猿猴的一种，于是有人说长右兽是长尾猴，但也有人说它是短尾猴。总之，长右兽长得跟猿猴很像，也可能它就是猿猴。另外，对“四耳”的解释也不同。有人说“四耳”是指长右兽长着四只耳朵，还有人说“四

耳”同“驷耳”，驷为马，所以“四耳”即马耳，就是说长右兽长着一对马耳。《山海经》中还提到“其音如吟”，目前一致解释为它的鸣叫像人的呻吟声。但不管它是长尾猴还是短尾猴，不管它长了怎样的耳朵，也不管它的叫声像什么，长右兽都似乎是个神兽，或称其为水怪，因为它具有一种神奇的力量，能带来大水。这对于干旱地区来说是甘霖，是福音，但对原本多水之地则是水患了。

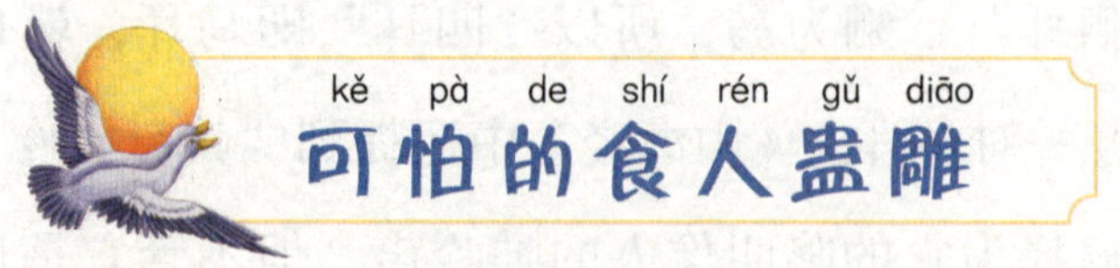

kě pà de shí rén gǔ diāo 可怕的食人蛊雕

蛊雕，是一种似鸟非鸟的食人怪兽，样子像雕，豹身、雕嘴、独角，叫起来像婴儿啼哭，喜欢吃人，巨嘴一次可吞一人。它原生活在沼泽，但随着时间而进化，早已离水而居，跑到荒原，成为最可怕的怪兽。和它的恶名相比，这种大荒原最强大的怪兽，年均害死的人数远比不上许多人类战争——由于它长年处在沉睡状态，每十年醒来一次觅食，一次食人不满百，所以千年来它害死的人，也不过是一次小型战争所能造成的死亡人数。

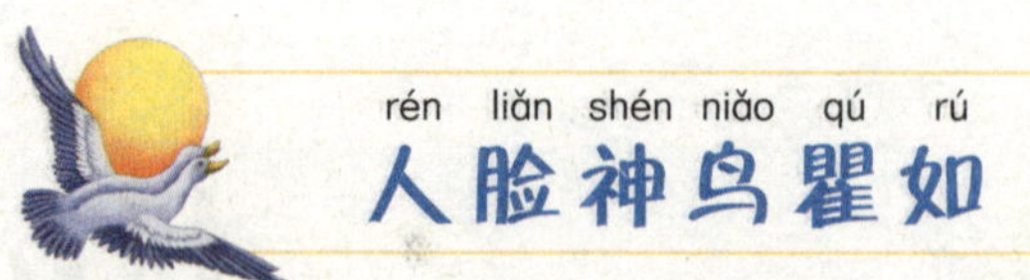

rén liǎn shén niǎo qú rú
人脸神鸟瞿如

瞿如是中国传说中的怪鸟，它们的身体长得很像一种叫鹈的水鸟，脑袋是雪白的，它们的脸和人的脸一样，长着三只脚，奔跑和休息的时候，三只脚轮流使用。人们之所以称呼它们为“瞿如”，是因为它们一天到晚总是唱着一首好听的歌，歌里只有一句“瞿如瞿如瞿如”的歌词。很多人认为，瞿如就是它们的名字，它们是在给自己唱赞美歌呢。

本来，人们与瞿如的关系非常友好，可是，人和神鸟融洽相处的日子没过多久，有几个贪心的人就打起了坏主意：捉瞿如卖给有钱人，就凭瞿如怪异有趣的模样和悦耳动听的歌声，一定能卖个大价钱，这比辛辛苦苦挖矿采玉强多了。于是，他们有目的地接近瞿如，想在瞿如毫无防备的情况下把它们抓住。瞿如好像懂得读心术，自从有人对它们起了坏心，它们就再也不肯靠近人类，而是躲进了密林里。瞿如在人们的视线里彻底消失了，人们只能偶尔隐隐约约地听到从很远的地方传来“瞿如瞿如瞿如”的歌声。

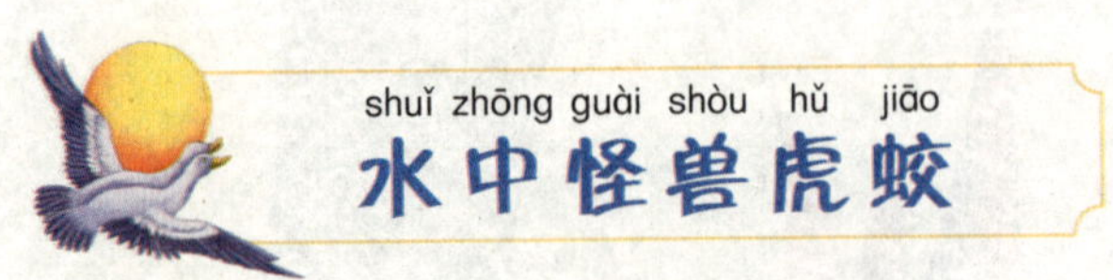

shuǐ zhōng guài shòu hǔ jiāo
水中怪兽虎蛟

有一座祷过山，浪水从这座山发源，然后向南流入大海。水中有一种虎蛟，形状像普通鱼的身子，却拖着一条蛇样的尾巴，脑袋如同鸳鸯的头，吃了它的肉就能使人不生痈肿疾病，还可以医痔疮。

有一年，灾难不幸降临到了祷过山附近的几个村镇，有人感染了瘟疫。感染瘟疫的病人肚子都肿胀起来，越来越严重，有的病人走在大街上会突然跌倒在地，痛苦地死去。瘟疫迅速传播，越来越多的人染上了瘟疫。可是，人们找不到对付这可怕的瘟疫的药物，只能眼睁睁地看着身边的人死去。

因为死去的人越来越多，官府为了防止疫情扩散，只

好派兵把有瘟疫病人的村子封锁起来。大家都明白，这是要让这些被隔离村子里的人在这场瘟疫中自生自灭啊。

被困在里面的人们只能在恐惧绝望中等待死神降临。人们为病死的亲人哭，为自己即将到来的死亡哭，哭声震天。这哭声惊动了一名隐居山中的老者，他赶到官府，对太守说：“我听过一个传说，从祷过山发源的泿水中有一种虎蛟，虎蛟的肉可以治愈感染瘟疫的病人。”

太守派人跟随老者赶到泿水，果然抓到了传说中的虎蛟。它们长着普通鱼的身子，背后拖着一条蛇样的尾巴，它们的叫声就像鸳鸯的叫声。老者把虎蛟的肉熬成汤，让所有感染瘟疫的病人吃肉喝汤。果然，病人们肿胀的肚子很快变小了，病就痊愈了。神奇的事情还有呢，几个病人患上瘟疫之前有严重的痔疮，在吃了虎蛟的肉以后，不但肚子的肿胀消失，就连痔疮也消失了。疫情解除，所有被封锁的村镇都恢复了往日的平静。

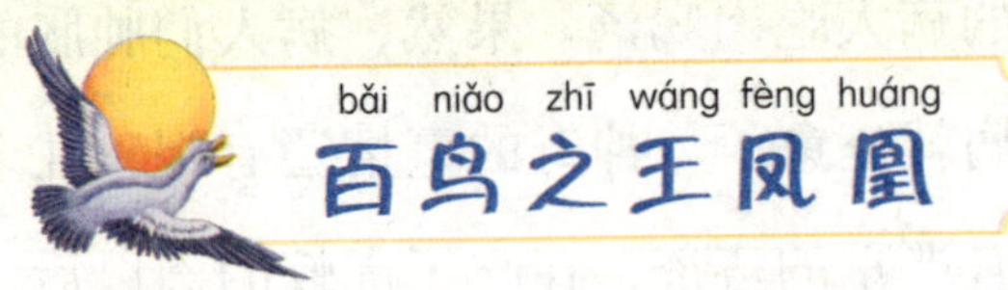

bǎi niǎo zhī wáng fèng huáng
百鸟之王凤凰

凤凰，亦作“凤皇”，古代传说中的百鸟之王。雄的叫“凤”，雌的叫“凰”，总称为凤凰，亦称为丹鸟、火鸟、威凤等。常用来象征祥瑞，凤凰齐飞，是吉祥和谐的象征，自古就是中国文化的重要元素。凤凰鸿头、麟臀、蛇颈、鱼尾、龙纹、龟躯、燕子的下巴、鸡的嘴，身如鸳鸯，翅似大鹏，腿如仙鹤，是多种鸟禽集合而成的一种神物。最

初在《山海经》中的记载仅仅是“有鸟焉，其状如鸡，五采而文，名曰凤凰”，甚至还有食用的记载。凤凰和龙一样，是古人幻想的神鸟，与龙同为汉民族的图腾。自秦汉以来，龙逐渐成为帝王的象征，帝后妃嫔们开始称凤比凤，凤凰的形象逐渐雌雄不分，整体被“雌”化。凤凰性格高洁，“非梧桐不栖，非竹食不食。”凤凰身上的字纹象征着五种品德——“首文曰德，翼文曰顺，背文曰义，腹文曰信，膺文曰仁。”

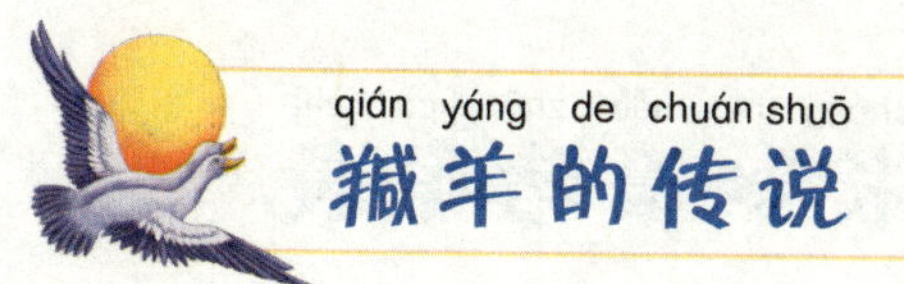

qián yáng de chuán shuō 羬羊的传说

西方华山系的第一座山叫作钱来山。山上松林密布，山中有一种野兽，叫作羬羊。这种异兽形貌跟羊很像，但尾巴像马。这种羊没有什么特殊能力，只是它的油脂可以治疗皮肤干裂。其实不论是哪种油脂，都对皮肤干裂有治疗作用。其中，绵羊油效果最好。羬羊也是羊的一种，说不定还是一种绵羊，所以它的油脂可以治疗皮肤干裂也就不足为奇了。

羬羊既没有凶悍的性情，也不是某种吉凶的征兆，只是长得比较奇怪而已。这种羊可能是历史上真实存在过的一种羊，著名的《山海经》研究专家郭璞对此是这样描述的：古代的大月氏国有一种大羊，形体好像是驴，而长着马一样的尾巴。这种大羊，身长六尺，名叫羬羊，它的尾巴吃起来非常鲜美。也有人说，其实羬羊就是现在的盘羊。盘羊又叫作大角羊、亚洲巨野羊等，体形非常大，肩宽能达到一米多，体重可以达到两百千克，几乎有一头驴那么大，是羊中的大个子。

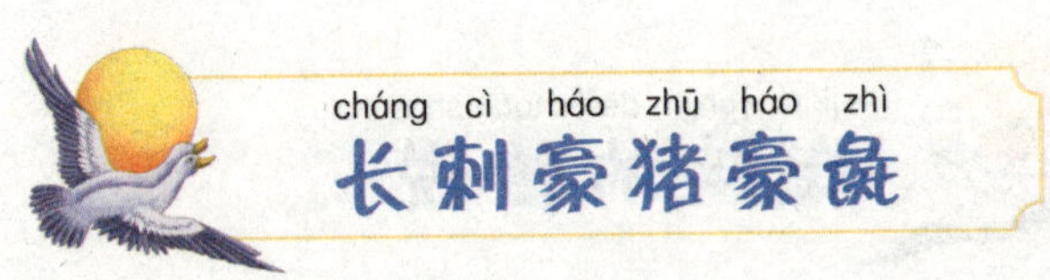

cháng cì háo zhū háo zhì
长刺豪猪豪彘

《山海经》中载：“竹山，有兽焉，其状如豚而白毛，毛大如笄而黑端，名曰豪彘。”这句话的意思是：竹山中有一种野兽，形状像小猪，却长着白色的毛，毛如簪子般粗细，而尖端呈黑色，名叫豪彘。这不正是咱们现在所看到的豪猪吗?

豪彘经常二三百头集结在一起，成群结队地去偷吃庄稼，给周围人们的生活带来了很大的困扰。在受到驱赶或追捕时，豪彘会使劲鼓气，用自己身上又尖又长的刺去刺伤猎食者，从而救自己一命。遇到猎食者时，它们会将身体背对猎食者，因为身后的刺更长。需要反击的时候，它

们先后退，再用力扑向敌人并将刺插入其身体。

不过有意思的是，豪彘的刺虽然能保护自己，却也给自己的生活带来诸多不便。据说天气寒冷时，豪彘们便聚在一起，它们拼命地拥挤着、紧挨着，以相互取暖。但由于每头豪彘身上都长满了尖刺，挤得太紧，它们就会痛得嚎叫起来，于是，豪彘们又相互闪躲，本能地拉开距离。但过不了多久，它们又禁不住寒冷的侵袭，不由得又挤在一起了，然后疼痛又将它们分开，于是就这样分分合合，到最后也不得停歇。

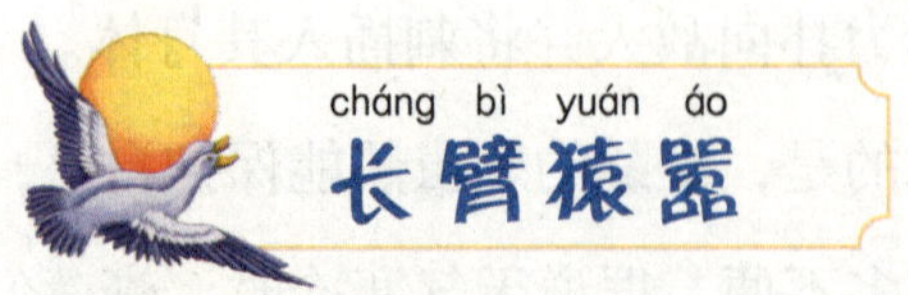

chánɡ bì yuán áo
长臂猿嚣

瑜次山位于浮山的西边七十里左右的地方，该山中有一种兽类叫作嚣，它的外形十分奇特，外貌像猿猴，屁股没有长毛而尾巴较短，双臂极长，非常擅长投掷，也叫作猕猴。

猕猴是猴类，它们能够立起来行走。在《西游记》中，有一个特别出名的猕猴——六耳猕猴，它“善聆音，能察理，知前后，万物皆明”，一身本领比起石猴孙悟空丝毫不逊色。另外，它与孙悟空一样，除了有一身高强的武艺，还精通变化之道，它若变成孙悟空的样子，就连天上极为高明的神仙也辨别不出真假。

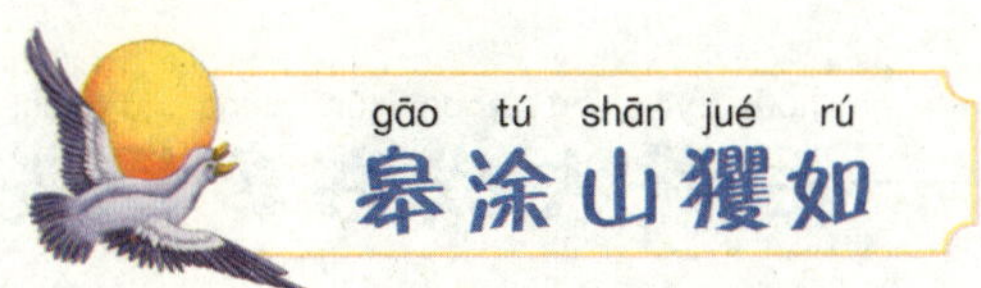

gāo tú shān jué rú 皋涂山玃如

在皋涂山，山中有一种野兽，形状像普通的鹿，却长着白色的尾巴、马一样的脚蹄、人一样的手，并且有四只角，名叫皋涂山玃如。《山海经》载："其状如鹿而白尾，马足人手而四角。"后世传其通体莹白如玉，身带仙姿，乃皋涂山护山之神。皋涂山物产丰富，山的北面黄金白银产量惊人，山的南面出产朱砂，可治百病，养精神，安魂魄，杀精魅。山上桂树茂盛，香气袭人，地上布满无条草，据说可毒死老鼠。玃如守护这座皋涂山已经上千个年头，山里清静却不死寂，千年前玃如曾出山谒见过其他山神灵兽，那时候四海九州一片荒凉，远不及山中悠游，所以玃如长久以来不曾涉入人世，潜心修行，守护皋涂山。

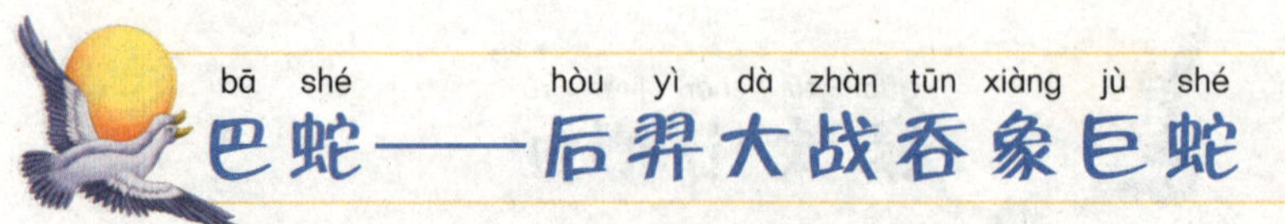

巴蛇——后羿大战吞象巨蛇

巴蛇又粗又长，鳞片坚硬如铁，裹在身上像是穿上厚厚的铠甲。它张口能吞整只大象，大象在它肚里慢慢消化，三年后才吐出象骨。巴蛇在湖中兴风作浪，打翻船只，吞食落水的人，它还伏在水边袭击行走的人。本来是绿波荡漾、岸柳成荫、鹅鸭成群、飞舟迎浪的美丽洞庭湖，却成了人迹罕至的可怕地带。

后羿驾一叶小舟在洞庭湖上寻找巴蛇，找了很长时间也不见它的踪影。突然间湖心冒出了一座“小山”，“小山”迅速地移动着。后羿仔细一看正是巴蛇。

巴蛇高昂着它硕大无比的头，伸着分叉的红舌，涌起巨大的波涛，直向后羿的小船冲过来。后羿拔箭迎面射去，可是箭在巴蛇身上弹了一下就落入水中。

巴蛇愤怒了，加速向后羿冲来。巨浪把后羿的小船一会儿抛上浪尖，一会儿送进波谷。

后羿稳稳地站在小船上，随着颠簸的小船一上一下。他拔剑在手静候着巴蛇，当巴蛇张起如山洞般的大口，想要一口吞下他时，只见后羿敏捷地一晃，由小船飞身骑到巴蛇身上，举起利剑向巴蛇的颈项砍去。

巴蛇的鳞甲虽坚如钢铁，到底抵挡不住后羿神剑的力量。一股腥臭的鲜血从伤口喷出，立即染红了湖水。

巴蛇疼得“嗞嗞”直叫，卷起尾巴扑打后羿，后羿趁势用力一挥，巴蛇的尾巴被齐刷刷地斩了下来，“砰”的一声落入湖中。后羿又用双手举剑连连向巴蛇的头部猛刺，巴蛇在水中挣扎了一番，终于浮在水上不动了。

吉祥鸟——鸾鸟

jí xiáng niǎo luán niǎo

《山海经·西山经》记载："女床之山有鸟焉，其状如翟而五采文，名曰鸾鸟，见则天下安宁。"鸾鸟是传说中凤凰一类的鸟，也叫青鸾、青鸟。传说鸾鸟是五种凤凰之一，羽翼在太阳下泛着柔和的光芒。传说鸾鸟是为爱情而生的鸟，它们一生都在寻找另一半。它们有世上最美妙的声音，但是只为爱情歌唱。传说有一只鸾鸟是天地孕育而生，它美丽、优雅，却无法发出声音，它很孤独寂寞，

因为它从来没有发现过自己的同类，别的鸟类羡慕的眼光没有增添它的光环反而显出了它的寂寞。直到有一天它遇见了凤和凰，于是它开始寻找另一只鸾鸟。它飞过高山，越过大海，飞过沙漠，穿过城市，可是始终没有找到和它一样的鸟类。当它精疲力尽落到一户人家的窗户上时，通过对着窗户的一面镜子，它看见了一只和它一模一样的鸟，而这只鸟正用热切的眼光望着它，它终于找到了！忽然间，一股辛酸甜美、剧烈的暖流冲破了它的心，它唱出了其他鸟儿没有唱过的绝美歌声。

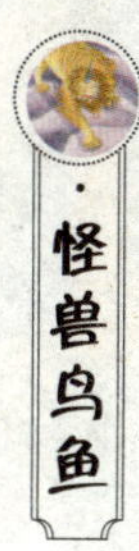

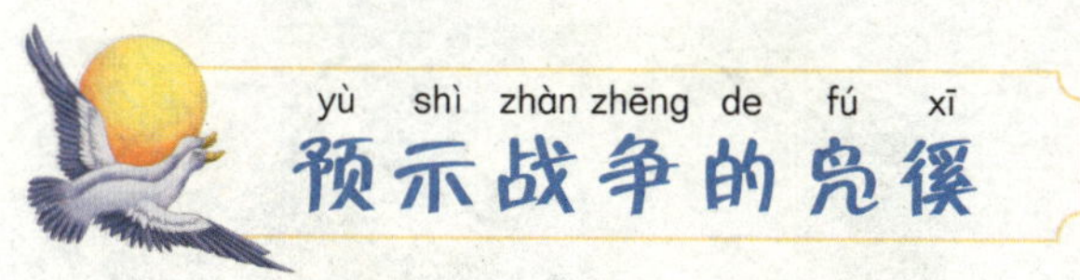

yù shì zhàn zhēng de fú xī
预示战争的凫徯

在《山海经》中除了凶兽朱厌象征兵祸，还有一种凶禽同样是兵战的象征，它就是凫徯。传说此鸟为大凶之鸟，一旦出现在某地，必起刀兵之祸。关于凫徯的记载，主要出自《山海经·西山经》之中。据说它是一只长着人脸的鸡状怪鸟。凫徯的鸣叫声很难听。另外它还有“凶兆”的属性。那么为何凫徯的出现就是天下兵戈四起的征兆呢？这与古人的“鸟占”观念有关。所谓鸟占，即以鸟的飞鸣来占卜吉凶。实际上以鸟预测未来吉凶的习俗十分古老，古人常依据鸟的鸣叫声、飞行和降落的方位、地点等因素来判断吉凶。

shàn tóu shè de jǔ fù
善投射的举父

在崇吾山，有一种野兽，它的样子像猕猴，手臂上有花纹，尾巴和豹子的尾巴相似，善于跳跃投掷，名字叫举父。当初，黄帝与蚩尤为了争夺天下，打得难解难分。为了取胜，黄帝遴选天下射箭高手，分为“天射”“地射”“人射”三个等级，充当征讨蚩尤的先锋官。能给黄帝当先锋，那可是无与伦比的荣耀。经过旷日持久的比赛，终于有了

结果："天射"的称号被后羿所夺得。后羿为了解救人民疾苦，冒着被帝俊贬谪的危险，弯弓射日，一连射下九个太阳。后羿如此的慈悲之心和纯熟射法，绝对配得上"天射"的称号。"地射"的称号被举父夺得。举父是居住在崇吾山的灵猴。个子不大，但手臂扬起来有它两个身子长，而且上边布满了斑纹。举父长有豹尾，发起怒来，连狮子老虎都怕它。当然了，它最拿手的就是投掷。它不会射箭，只会投石头。可别因此小瞧它，它的投石之法，百发百中，从来没失手过。黄帝为了考验举父的投法，曾在泰山之顶放置一面铜镜，让举父从泰山底下去投。投试当天，举父根本不在意，抱着石头在泰山脚下瞎溜达。当太阳跃出东海缓缓上升，第一缕阳光照到铜镜上被反射而回的时候，举父抡圆了两臂，双脚点地，身子腾起，但见它怀抱之石像被弹射而出一样，一道白光就奔山顶而去。投完，举父气不长出，面不改色，云淡风轻地坐在石砬子上。过了大概一袋烟的工夫，只听"镗啷啷"一声脆响，黄帝派人看时，铜镜已经四分五裂，一个石块还带着举父的体温正中铜镜的镜心。黄帝十分佩服。就连获得"天射"称号的后羿也挑起大拇指说："罢了罢了"，论起投掷，十个后羿绑在一起也不是一个举父的对手。就这样，举父获得了"地射"的称号，天下人没有不服的。

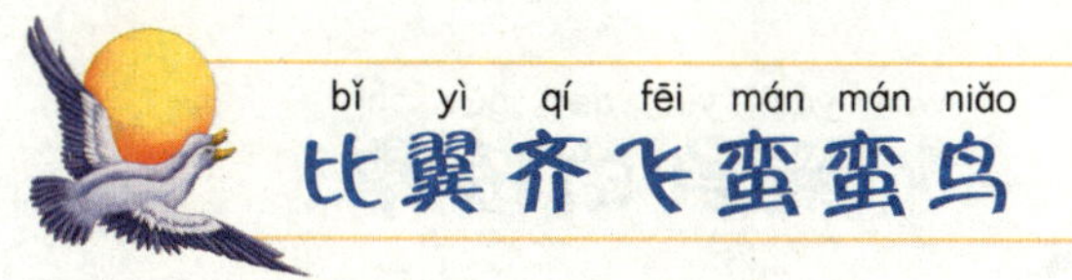

bǐ yì qí fēi mán mán niǎo
比翼齐飞蛮蛮鸟

崇吾山中还生活着一种鸟，其形状像一般的野鸭，却只长了一个翅膀和一只眼睛，因此无法独自飞翔，需要两只鸟结对比翼才能飞，它的名称是蛮蛮鸟，也就是常说的比翼鸟。其羽毛为青红色，因此古人把它当作夫妻同心的象征，夫妻恋人往往有“在天愿做比翼鸟”的誓言。

这是种吉鸟，传说人如果见到它，就会交好运；而如果能骑上它，则可长寿千岁。南方还有种比翼凤，无论飞翔、休息还是吃食、喝水，都不分离，聚合到死。复生后也仍然要在一起。古人视成双成对为吉祥，因此，“不比不飞、不比不行”的观念成为中国吉祥文化的重要内容。

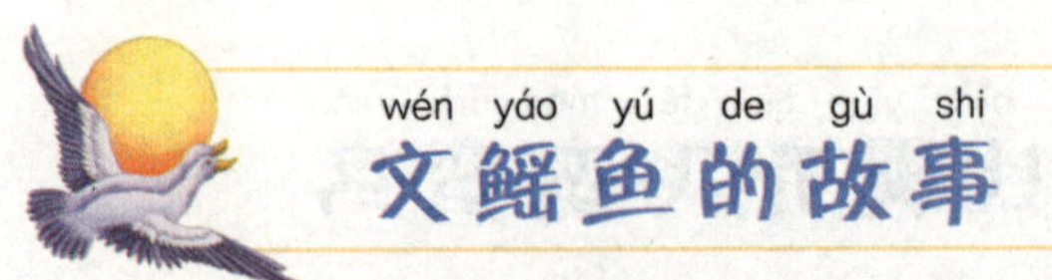

wén yáo yú de gù shi 文鳐鱼的故事

《山海经·西山经》记载："又西百八十里，曰泰器之山。观水出焉，西流注于流沙。是多文鳐鱼，状如鲤鱼，鱼身而鸟翼，苍文而白首，赤喙，常行西海，游于东海，以夜飞。"文鳐鱼是一种会飞的鱼，可以象征体育运动的

飞跃，更高、更快、更强。文鳐鱼飞翔在西海和东海之间，可以象征东西方文明与文化的交流。从设计造型的角度来说，文鳐鱼的样子是有翅膀的鲤鱼，鲤鱼是红色或金色的，翅膀的伸展具有强烈鲜明的运动感和韵律，这些特点都有助于设计出理想的吉祥物图案来。

自然界中确实有会飞的鱼，通常产于热带或温带的海洋里，它们的胸鳍非常发达，好象鸟的翅膀一样，因此能够跃出水面，在空中长距离滑翔。但是，泰器山的文鳐鱼却不是普通的飞鱼，它们能够在夜间从西海飞到东海，在东海里畅游一番，然后又飞回来。古人曾经见到过龙卷风把海里、湖里、河里的鱼卷上天空又落下来的场景，或者见到过类似的海市蜃楼现象。此外，文鳐鱼的传说也可能与沙漠里的季节河、季节湖泊有关。当雨季来临，干涸的河流和湖泊重新注满水的时候，鱼又重新出现在河流和湖泊之中。古人不明白其中的道理（鱼潜入泥中，鱼子能在无水的环境中继续生存，鱼子可随风吹来），就想当然地认为这种鱼能够飞来飞去。文鳐鱼它是一种样子像鲤鱼却又会叫出声的鱼，可能特别适应在季节河里生存。每当文鳐鱼出现的时候，也正是雨水充沛的年头，而在干旱和半干旱地区，充足的雨水就意味着农作物的大丰收。

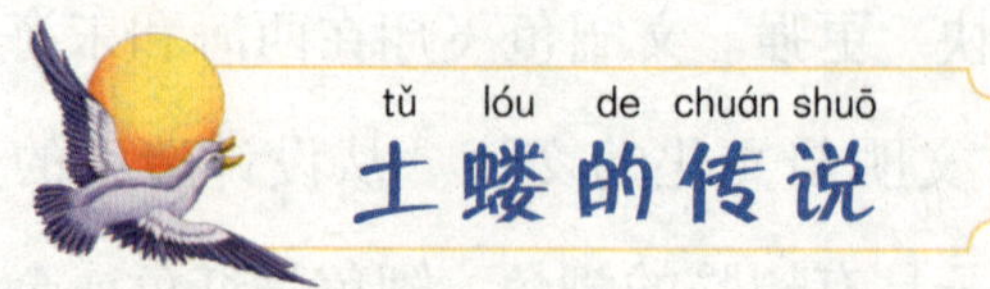

tǔ lóu de chuán shuō
土蝼的传说

昆仑山是海内最高的山，陆吾是掌管昆仑山的大神。陆吾有一个忠心的下属，就是土蝼，也住在昆仑山。土蝼的形貌像普通的羊，却长着四只角，而且是吃人的怪兽。土蝼的角十分锋利，可以说是无坚不摧。土蝼作为陆吾的得力下属，协助管理昆仑山，自然需要一些威慑力，才能履行好自己的职责。

土蝼曾经和陆吾一起接待过周穆王。周穆王到了昆仑山，见到西王母，两人惺惺相惜。西王母在美丽的瑶池设宴招待了周穆王。待酒毕人散，西王母问："你什么时候还来看我？"周穆王回答说："我要是能抽出时间，就三年后再来。三年后要是来不了，你就别等了。"对于这个回答，西王母当然不满意："我在这里过得也很好，你要是没时间就不要来了，别耽误了你的职责。"幸好周穆王没有留下，否则土蝼和陆吾可能要失业了。

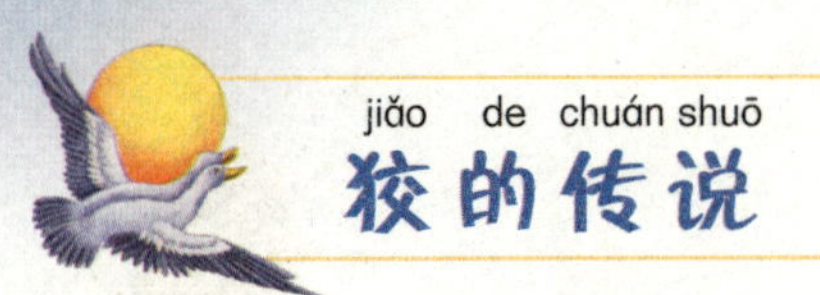

jiǎo de chuán shuō
狡的传说

相传西王母的住所并不在昆仑山，而是在玉山。西王母平时就在玉山吃饭睡觉，休闲娱乐，只有处理公务的时候才去昆仑山。在玉山上，西王母还养了一只宠物，叫作狡。狡的形貌很像狗，但西王母养的可不是普通的狗，而是一种瑞兽，据说它在哪个地方出现，哪个地方就会五谷丰登。这可能是因为狡总是跟着西王母出巡，狡去过的地方，便是西王母所到之处。西王母让某地五谷丰登，人们却把功劳归功于狡。西王母掌管着长生不老的药，拥有了长生不老药就相当于预订了神仙的名额。因此吃了长生不老药，就能长生不死，就能做神仙。后羿射掉了多余的九个太阳无法上天之后，就去找西王母，向她求仙药。西王母看在旧日同僚的情分上，就给了后羿两颗仙药。后羿带回家后，仙药却被妻子嫦娥给偷吃了。于是嫦娥就飞上天，从此月宫多了一个仙子。基于这个原因，狡就成了人们心中的瑞兽。

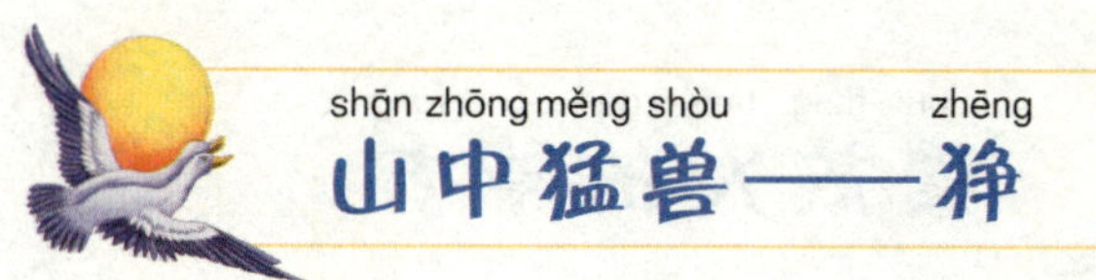

shān zhōng měng shòu zhēng 山中猛兽——狰

《山海经》中载："章莪之山有兽焉，其状如赤豹，五尾一角，其音如击石，其名曰狰。"狰是古代中国传说中的奇兽。

相传章莪山寸草不生，还有许多怪兽出没其中。其中一只就是狰，它的声音如击石般铿锵，脸部中央长出一只角，而且有五条尾巴，全身赤红，身形似豹。狰其实本是一只恶兽，曾经扰乱人间，恰好烛龙路过，将狰收服。自此，狰便跟在烛龙的身边，和烛龙一起生活在钟山。烛龙体形庞大，而狰围绕在烛龙四周，为烛龙的身体清扫卫生，完全就是一个可怜的苦力。狰在烛龙的身边待了很长的一段时间，并且受到烛龙潜移默化的影响，它的暴戾居然消失，直至再后来烛龙消失很久之后，狰才逐渐从钟山中走出，寻找其主人烛龙的下落。不过这些年来，主人没找到，狰却帮助了很多人，成为人们口中的瑞兽。在钟山的时候，狰帮助烛龙清扫卫生，竟然养成了一种难以改掉的习惯。到了民间，狰这个习惯依然难以改掉。后来，狰看到哪户人家有邪祟，便主动去打扫，将邪祟之气祛除。人们将其视作上天的使者，成为了人们口中传颂的瑞兽，能够辟邪保平安。

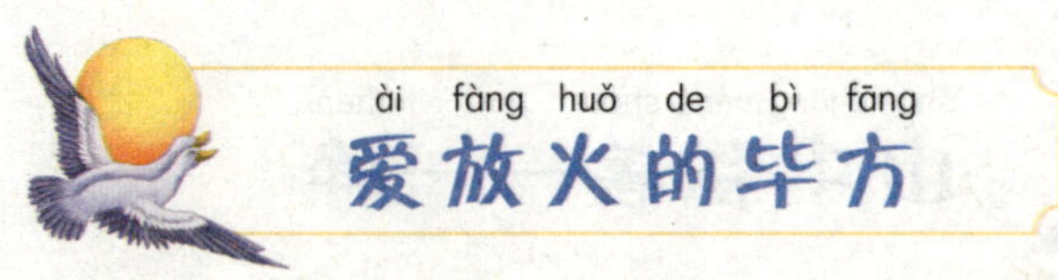

ài fàng huǒ de bì fāng
爱放火的毕方

毕方在中国古代神话传说中是大火之兆。相传有一种禽鸟，形状像仙鹤，但只有一只脚，身上的羽毛是青色的，上面有红色的斑纹，还长着一张白色的嘴，外形像丹顶鹤，名字叫毕方。它鸣叫的声音就是自己的名字。它在哪个地方出现，哪里就会发生怪火。毕方是一种神鸟，传说是木头所生，

故被称为木之精。当年黄帝在西泰山上召集鬼神时，毕方扮演的就是随行神鸟的护卫角色。六条蛟龙为黄帝驾象车，毕方随车而行，蚩尤在前面开道，风伯扫尘，雨师扫道，虎狼在前，鬼神在后，腾蛇在地上匍匐，凤凰在天空飞舞，整个队伍气势壮观，威风异常。汉武帝时期，外方国家曾经献独足鹤作为贡品，满朝官员都不认识，只有东方朔知道它是《山海经》里所记载的毕方，于是一时间，满朝皆习《山海经》。毕方还是一种兆火之鸟，它在哪里出现哪里就会发生怪火。传说毕方常常衔着火种在人家屋子上兴怪火。据说陈后主时，很多独足鸟会聚在大殿上，纷纷用嘴划地，并写出文字，大意为：独足鸟上高台，一切都要化为灰烬。古人把毕方看作火之兆，某地发生大火之后，当地文人往往以为是毕方所为，于是便撰文章以攘灾。另外，因为毕方形貌似鹤，而鹤被古人认为是一种寿禽，凡人只要见了毕方一眼，便能增加自己的寿命，所以也有毕方主寿的说法。其实无论祸福都是人们的欲望使然，明知有危险，却还是有不少人前仆后继地往毕方居住的火山上跑。

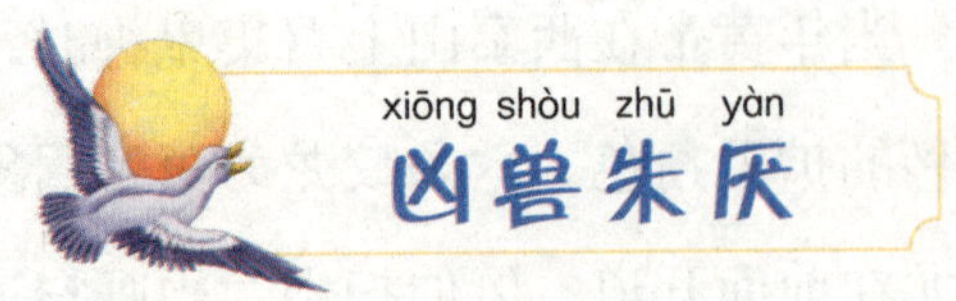

xiōng shòu zhū yàn
凶兽朱厌

朱厌是古代中国神话传说中的凶兽，身形像猿猴，白头红脚，传说这种野兽一出现，天下就会发生大的战争。

很久很久以前，天被凶神恶煞捅了一个大窟窿，大暴雨下个没完没了，结果大地上发了大洪水，山川、土地和房屋都被淹没了。女娲知道了，就想办法把天补上，止住暴雨。有一只巨大的金鳌，它的四足像五岳那么巨大，它

的龟甲能够填满整个洞庭湖。女娲想捉住这只金鳌，用它的四足把塌了的天给撑起来。但是，金鳌并不是好惹的，它的头一摆，昆仑山都要震三震；它的尾巴一摇，东海都会扬起滔天巨浪；它走一步，大地就会剧烈震动，像大地震一样。它的嘴里还会喷出寒气，喷到谁身上，谁也受不了，轻则冻得僵直，重则会被冰冻而死。为了战胜金鳌，女娲不得已请来朱厌。那是只巨大的猿猴，眼睛会喷火，脚底踩着火，牙齿冒着火，嘴里喷出的火气足以跟金鳌抗衡。女娲答应朱厌，如果它制服了金鳌，就让它去做天神。于是，朱厌就去大战金鳌。两个神兽水火不容，就在西海一带展开决斗。朱厌趁金鳌不注意的时候，跳到金鳌的尾巴上，用带火的牙齿一阵狂咬。身陷剧痛的金鳌，左扑腾，右扑腾，怎么也看不见尾巴上的朱厌，心里又急又气，大失方寸，竟然翻了身，肚皮朝天了。女娲一看机会来了，急忙掣出倚天宝剑，将金鳌的四足斩断，用它们支撑起女娲之前就炼好的一块巨石，补到天窟窿那儿，这样暴雨就止住了，地上的洪水也渐渐退去。

事成之后，朱厌说起当天神的事，谁知道女娲竟把这事给忘了。这可把朱厌给气坏了，它就跑到昆仑山下大骂，还用头去撞支撑着天的金鳌的巨足，搞得天庭直摇晃，飘摇欲坠。

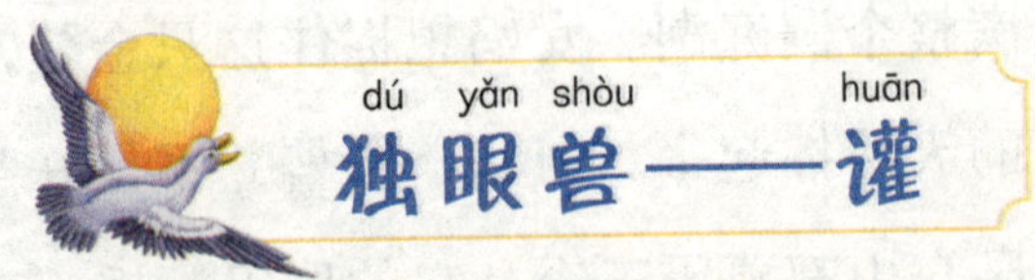

独眼兽——讙

翼望山中有一种野兽，形状像一般的野猫，长着一只眼睛三条尾巴，名叫讙，发出的声音好像能赛过一百种动物的鸣叫，饲养它可以辟凶邪之气，人吃了它的肉就能治好黄疸病。有人说，讙其实就是一种极常见的动物。它的嗅觉极为灵敏，体长约七八十厘米，体形粗实肥大、四肢短、耳壳短圆、眼小鼻尖、颈部粗短。前后足的趾均具强有力的黑棕色爪，前爪比后爪长。脊背从头到尾长有长而粗的针毛，颜色是黑棕色与白色混杂，呈现棕灰色；鼻子具有发达的软骨质鼻垫，类似猪鼻；四肢较粗而强，爪长近似趾长。讙依靠灵敏的嗅觉，拱食各种植物的根茎，也吃蚯蚓和地下的昆虫幼虫，或者在溪边捕食青蛙和螃蟹，或者在灌木丛中捉老鼠，甚至吃动物腐烂的尸体。它的爪子细长且弯曲，尤其是前肢爪，是掘土的有力工具。讙是群居动物，一个洞穴内居住十只左右。讙是夜行性动物，有冬眠习性，在秋季积累大量脂肪，十一月入洞冬眠，第二年三月出洞。

鵸鵌（qí tú）——爱笑的怪鸟（ài xiào de guài niǎo）

《山海经·西山经》记载，翼望山上多金玉，无草木，这里除了拥有一百种怪兽，还有一种稀世怪鸟，它的样子跟乌鸦有些形似，三头六尾，很喜欢笑，雌雄同体，名叫

鵸鵌。据说把它的羽毛带一根在身上，就不会有梦魇。鵸鵌还是一种抵御凶邪的好帮手。于是我们就看到了眼前这位闪亮登场的怪物——鵸鵌。

鵸鵌相当于是三只鸟的合体，还另外多出来三条尾巴，三首六尾。因为它是一个连体的怪鸟，谁也无法将它们分开，一损俱损，一荣俱荣。如果其中一个死了，其他两个也会气绝而亡。鵸鵌还是一种雌雄同体的奇禽，它们既是雌性，也是雄性。因为是三鸟连体，所以自己跟自己就可以谈恋爱，永远不用担心对方背叛，即使一时吵翻了天，也无法分手拍屁股走人，反正死活都要在一起。

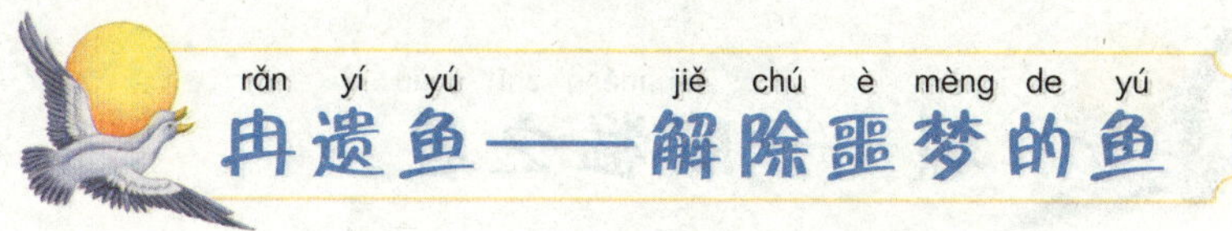

冉遗鱼——解除噩梦的鱼

英鞮山，涴水从这座山发源，然后向北流入陵羊泽。水里有很多冉遗鱼，这种鱼的眼睛形如马的眼睛，吃了这种鱼可以使人不患梦魇症，还可以预防凶灾。

冉遗鱼是一种长着蛇头、鱼身、有六只脚的鱼。脚应该就是羊蹄那样的脚，如果长着人的脚就太惊悚了，即使不是人的脚，这样的生物也足够惊悚，但既使是这样的生物还是免不了被古人吃掉。《山海经》中记载这个鱼是古时候的祥鱼，可以让人远离梦魇，避免凶险事物。这样的鱼就是传说中的护身符，可以逢凶化吉。让人疑惑的是连螃蟹都不敢吃的古人怎么有胆量去吃这样的生物。

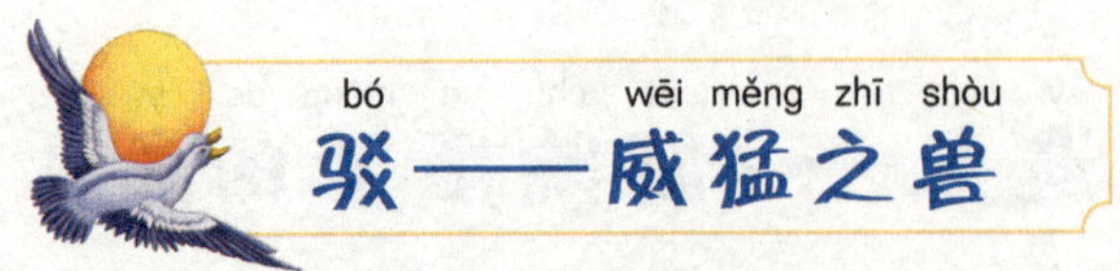

bó wēi měng zhī shòu
驳——威猛之兽

中曲山中生活着一种神兽，名为驳。驳的样子和普通的马很相似，全身长满雪白的毛，身后还长一条黑色的尾巴，而且头上长了一只角，牙齿和爪子像老虎的一样锋利，发出的声音如同击鼓一样响。驳很凶猛，能以老虎和豹子为食。传说它可以避免兵刃之灾。

中曲山上还长着一种树木，名为杯木。杯木的样子和棠梨树很相似，叶子是圆形的，长着红色的果实，果实和木瓜一样大。传说人吃了之后，会变得力大无穷。

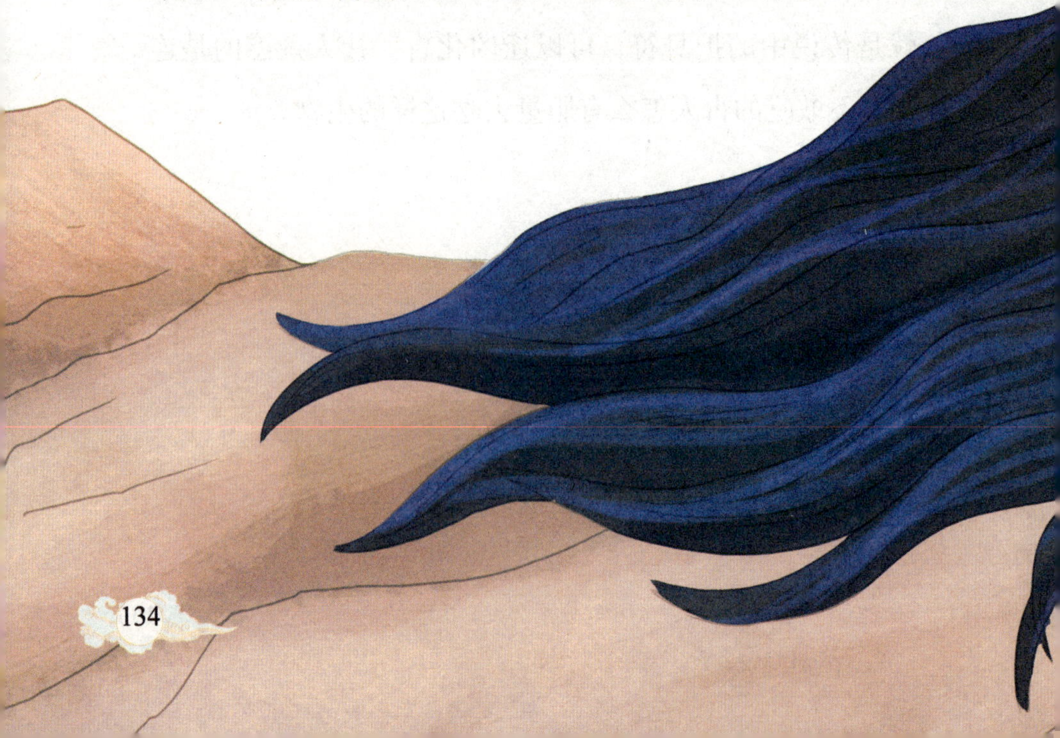

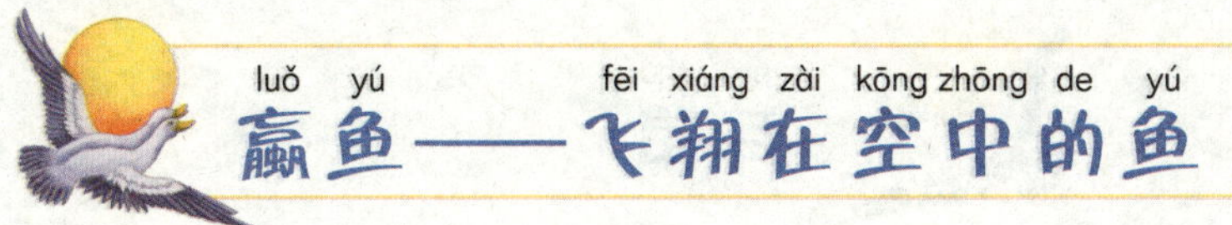

蠃鱼——飞翔在空中的鱼

在水中还有一种奇特的鱼，有着鱼的身体、鸟的翅膀，并且会发出鸳鸯的鸣声，它就是蠃鱼。相传蠃鱼爱玩水，身躯十分巨大，所过之处波浪滔天，在水中游动的速度非常快，并且有着厚重的外壳。其胸鳍发达，犹如翅膀，在空中滑翔的时候，就像在扇动翅膀飞翔，而它也因此得名。据传，飞鱼能够跃出水面十几米，在空中停留的时间最长可以达到四十多秒。不过，不管飞鱼在空中能够停留多久，它也不是真的用“翅膀”飞，只不过是在空中滑翔罢了。据说蠃鱼有着预知洪水的能力，每次发现洪水来临都会去提醒人们。所以每次发生水灾的时候都能够看见蠃鱼，人们慢慢地把蠃鱼视为一种不祥的象征，并称它为灾兽。

ěr shǔ 耳鼠

耳鼠是中国神话传说中的异兽。《山海经》中载：“耳鼠，兽，其状如鼠，而菟首麋身，其音如獋犬，以其尾飞，食之不采，又可以御百毒。”

耳鼠是一种常见但十分神奇的动物。它那可爱的外形和好动灵活的习性使它成为人们争相寻购的宠物，同时它少见的滑翔能力也令其能够胜任一些信使工作。

耳鼠是一种体形类似于松鼠的动物，毛色多样，几乎囊括了从纯白到纯黑的所有颜色。它们长着细小但有力的爪子，可以在树枝间自由灵巧地攀越；身后拖着一条几乎

等同于体长的尾巴，用来保持身体的平衡。不过最引人注目的还是耳鼠头上的那两只长长大大的耳朵，它们如同两只翅膀一样从头部后方延伸出来，坚挺地竖立着，生怕别人不知道自己的特殊功能。这样一对耳朵再加上耳鼠的三瓣嘴，使它的脸看起来像是缩小了的兔子。

当然，耳鼠毛茸茸的耳朵不仅仅好看，还拥有异常敏锐的听力，甚至还赋予了耳鼠短暂飞翔的能力，虽然距离和时间都不长，但是已经足以使它逃脱猎食者的追捕。

耳鼠对环境的适应能力极强，它们在很多地方都能生存下来。而对孩子们来说，拥有一只耳鼠做宠物是一件可以在伙伴中炫耀的事情。

足訾（zú zī）

蔓联山中有一种野兽，形状像猿猴却长着鬣毛，还有牛一样的尾巴、长满花纹的双臂、马一样的蹄子，它一看见人就会发出“足訾”一样的声音，而这个声音便是其自身名称的由来。

因为足訾样貌奇特，猴子们聚在山坡上商量着怎样不让足訾做首领，忽然，山下传来一阵虎吼的声音。猴子们出于本能，一个个飞速地往一块高耸的巨石上攀爬。它们个个身手敏捷，眨眼工夫就爬到了巨石顶上。这时，石底下传来“呜哇”的哭嚎声，大家低头一看，只见足訾一边哭一边手刨脚蹬。它的马蹄子一样的脚根本不能在陡峭的石壁上站稳，单靠双臂的力量根本没法爬到石头上。

猴子们哄笑起来，足訾身后也传来笑声。足訾吓瘫了，它回头看到两只猴子在顿足大笑。原来，虎吼是这两只猴子的恶作剧。

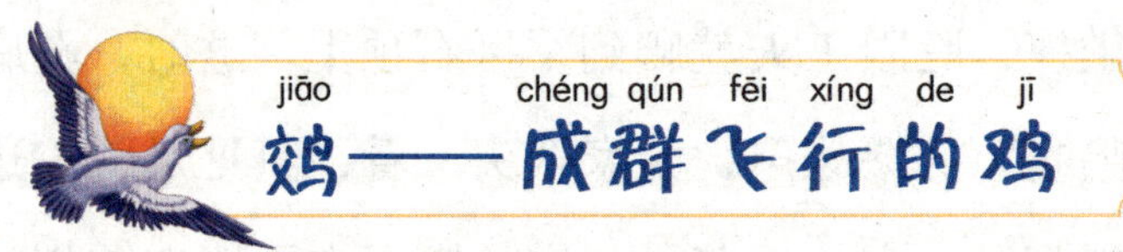

jiāo chéng qún fēi xíng de jī
䴔——成群飞行的鸡

从春山往北走二百里左右便到了蔓联山。蔓联山上面没有花草树木，但有一种禽鸟，喜欢成群地栖息，结队飞行，尾巴与雌野鸡很相似，它就是䴔。它的叫声就是它自身名称的由来。与其他的鸟类比起来，䴔显得很普通，并没有什么特别的本领，只是它的肉可以治疗中风。关于䴔，史书上曾有这样的记载：它是一种群居的动物，成千上万只聚集在一起飞翔，飞在天上的时候可以将太阳挡住，落在地上的时候可以将田野遮住；它们还具有“厌火”的特性，顾名思义就是怕火，就像非洲大草原上的犀牛一般，只要看见火，就会将其弄灭。这其实就是动物的一种本能，因为大自然里的野火可以将一切都烧成灰烬，于是动物们逐渐就有了看到火就踩灭的本能。

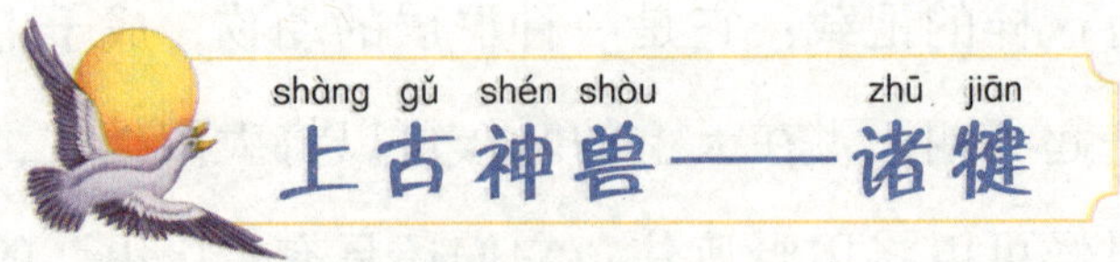

上古神兽——诸犍

诸犍是中国古代神话传说中的神兽，出自《山海经·北山经》。蔓联山以北八百里是单张山，山上没有草木生长。栎水从山中发源，向南流入杠水。山上还生活着一种野兽，名为诸犍。诸犍整体的样子像豹子，头部看起来像人，仅有的一只眼睛让人生畏，耳朵似牛耳，身后长有一条长长的尾巴。这条长尾巴或许也为这头怪兽带来了不便，其行走时，会用嘴叼着自己的尾巴，而休息的时候则将尾巴盘

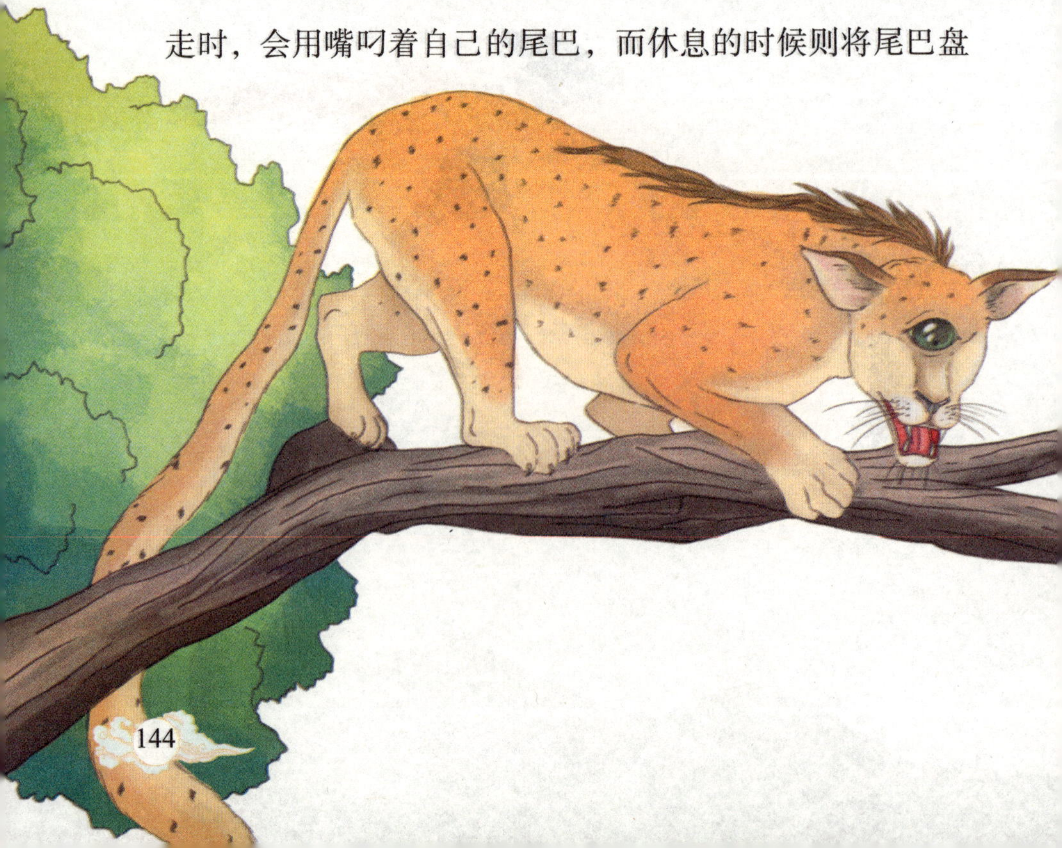

起来。

传说诸犍又名胖郎神，其力大无穷，善射。被其击中者轻则残废，生活无法自理，重则死亡。它的尾巴很长，能发出巨大声音。虽然《山海经》里对它没有特别详细的介绍，但推测诸犍应该是一种地位比较高的神兽。有一种说法认为诸犍就是传说中的蒲牢。蒲牢是龙的九子之一，很喜欢吼叫。据说蒲牢生活在海边，却害怕海里的鲸鱼，每次一看到鲸，它就吓得大声吼叫。人们根据其喜欢吼叫的特点，就把蒲牢铸为钟，而把敲钟的木杵做成鲸的形状。敲钟时，其响声能直穿云霄且回声悠远。

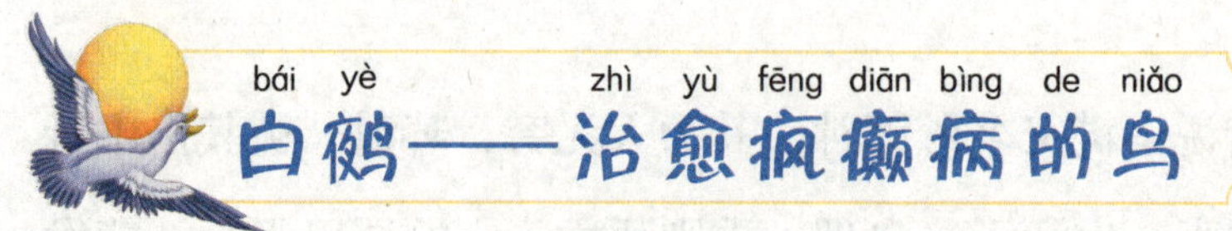

bái yè zhì yù fēng diān bìng de niǎo
白鸈——治愈疯癫病的鸟

单张山中有一种鸟，它的样子像普通的野鸡，却长着有花纹的脑袋、白色翅膀、黄色的脚，它的名字叫白鸈。人们传说，如果人吃了白鸈的肉就能治好咽喉疼痛的病，还能治愈疯癫病。于是部落里有人想捉一只白鸈用来治病。

这时，人们又听到另外一个传说：白鸈很有灵性，它会判断人的善恶。被白鸈认为是“善”的人就会得到它的保护，被其判断为“恶”的人则会受到它严厉的惩罚。

最终，人们决定不去伤害白鸈。大家给白鸈准备食物，吸引它到村中安家，希望它能除暴安良。受到村民诚心邀请，白鸈在村中的一棵大树上住了下来。

正如传说的那样，部落里如果有人做了好事或坏事，马上就有了来自白鸈的奖励或惩罚。有个孝顺的儿子尽心侍奉瘫痪在床的老母亲，白鸈给他送来一颗神秘果，他把神秘果给母亲吃，他的母亲马上能下地走动了；有一个继母虐待孩子，白鸈就把继母打孩子的鞭子抽到她自己身上……

人们对白鵺惩恶扬善的做法非常满意，都把最美好的赞誉和最美味的食物送给它。在赞美声中，白鵺渐渐变了，它沾沾自喜，不肯再尽心去查证自己看到的事情的真相，它对善恶的判断接二连三地发生错误：它把一个跳入水中救落水小儿的年轻人误认为害人者，让他差点溺水；它把一个讹人的无赖当成了弱者，让无赖得到了不该得到的财物……白鵺做的错事越来越多，人们忍无可忍，用天网捉住了白鵺。于是，白鵺成了治病的药，它的肉治愈了附近那些患有咽喉疼痛和疯癫病的人。

nà fù
那父

单张山以北三百二十里处是灌题山，山上长满了臭椿树和柘树，山下到处都是流沙和砥石。山中生活着一种野兽，名为那父。它身形似牛，而且尾巴是白色的，发出的声音就像是人在高喊一样。

那父是一种生活在古代的野牛。在我国古代，最常见的野牛是原牛。原牛在欧亚大陆曾经普遍存在，东到朝鲜、西到法国都生存着大量的原牛。原牛体形极为庞大，肩高接近两米，只比大象小一点。原牛大约是在八千年前开始被人类驯养的，之后逐渐形成了如今常见的黄牛。而野生的原牛则由于人类的捕杀以及栖息地被破坏，逐渐趋于灭绝。在两千多年前，欧亚大陆上仅欧洲中部还有原牛存在。罗马帝国的凯撒大帝曾在日记中这样描述原牛：原牛略小于象，色彩独特，体形巨大，速度超群，无论面对人还是兽，它们都不示弱，无法被驯化，即使幼牛也很难被驯服。那时候罗马帝国的斗兽场里，不但有狮子、老虎与角斗士们搏斗，还有大量的原牛，也是表演的主角。由于人类的猎杀，到十一世纪时，除了东普鲁士、立陶宛及波兰的荒野，其他地方的原牛几乎已经灭绝了。

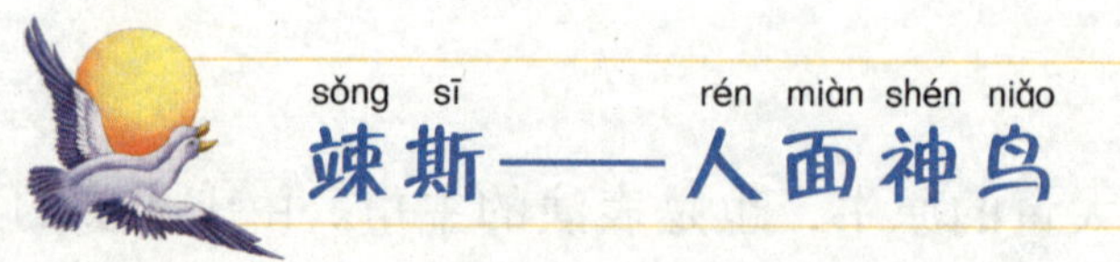

竦斯——人面神鸟

sǒng sī rén miàn shén niǎo

从单张山，也就是白䴙的故乡出发，往北走三百二十里就来到了灌题山。山上生活着一种鸟，样子像雌野鸡，却长着人的面孔，一看见人就跳跃起来，它的名字叫竦斯，它叫起来就像在呼唤自己的名字。人面鸟身的动物在古代神话中很常见，知名的如黄帝儿子禺虢、禺虢的儿子禺强(又名禺京)，还有东方的大神句芒等。它们的样子想想都令人害怕，但是竦斯却是人类最早饲养的物种之一，足訾亦是。这两种动物有一个共同的特点，就是特别喜欢与人亲近。竦斯只要看到人类便会跳跃不止，兴奋异常，甚至还会大声地呼叫。当然了，只有长时间地被人饲养，才会有这种表现，就像是宠物向主人撒娇一般。

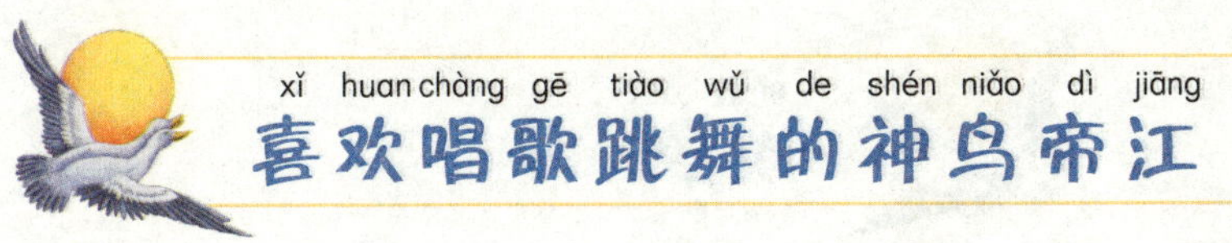

喜欢唱歌跳舞的神鸟帝江

xǐ huan chàng gē tiào wǔ de shén niǎo dì jiāng

在西方的天山上，有一只神鸟，形状像个黄布口袋，红得像一团红火，有六只脚，四个翅膀，耳目口鼻都没有，却懂得歌舞，名字叫作“帝江”。

据传，南海的天帝叫倏，北海的天帝叫忽，中央的天帝叫混沌。倏和忽两人常到混沌那里去玩耍，混沌非常殷勤周到地招待他们。有一天倏和忽在一块儿商量怎样报答混沌的恩德。他们说，每个人都有眼耳口鼻七窍，用来看呀、听呀、吃东西呀等，偏那混沌一窍也没有，未免美中不足，我们不如去替他凿出几窍来。于是就带了斧头、凿子之类的工具，去给混沌凿窍。一天凿一窍，七天凿了七窍。七窍虽然有了，但是可怜的混沌，经他好朋友这么一凿，却“呜呼哀哉，寿终正寝”了。

被凿了七窍，混沌肉身虽然是死了，但是继混沌之后的整个宇宙世界却因此而诞生了。

shū yú 儵鱼

彭水向西流入芘湖，水中有很多儵鱼，形状像一般的鸡却长着红色的羽毛，还长着三条尾巴、六只脚、四只眼睛，它的叫声与喜鹊的鸣叫相似，吃了它的肉就能使人无忧无虑。但是根据记载，在战国时期这种鱼还是很多的。有一次，庄子和好朋友惠子一同出游。惠子名叫惠施，是当时著名的政治家、哲学家，是可以跟得上庄子思路的仅有的几个人之一。两人到了一条河边，庄子说："儵鱼在河水中游得多么悠闲自得，这是鱼的快乐啊。"惠子说："你又不是鱼，怎么知道鱼是快乐的呢？"庄子说："你又不是我，你哪里知道我不知道鱼快乐的呢？"惠子说："我不是你，固然不知道你。你本来就不是鱼，你不知道鱼的快乐，这是完全可以确定的！"庄子说："请从我们最初的话题说起。你说出'你哪里知道鱼快乐'的话，就表示你已经知道我知道鱼快乐而问我。我是在濠水的桥上知道的。"

遗憾的是，两人这种友谊没有一直持续下去。后来惠

子当了魏国的相国，害怕庄子威胁到他的相位，就派人去追杀庄子。庄子对惠子说：“猫头鹰捡到一只老鼠，看见大鹏飞过，就发出‘吓’的声音，吓唬大鹏，以免抢它的老鼠，你现在也是拿魏国的相位来‘吓’我的吧？”说完就跟惠子分道扬镳了。

孩子最爱读的

山海经

于立文◎编绘

3

北京工艺美术出版社

目录

CONTENTS

神奇传说

奇树异草

神奇传说

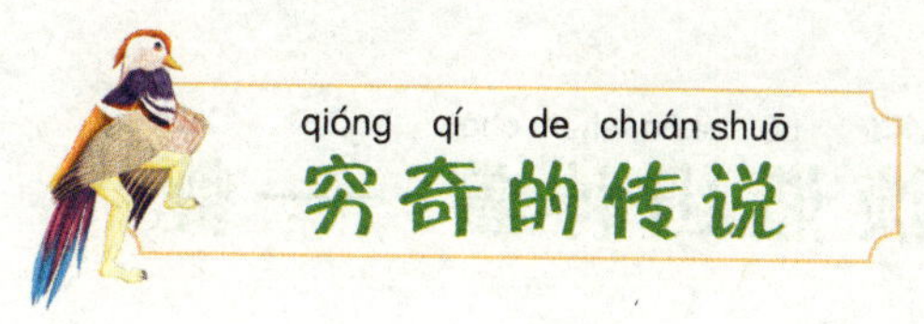

穷奇的传说

qióng qí de chuán shuō

邽（guī）山中生活着一种很残暴的怪兽，叫作穷奇。有的记载说穷奇像牛，但全身长着刺猬毛，发出的声音如同狗叫；有的记载说穷奇长得像老虎，但是有翅膀。

穷奇是上古神话里的四大凶兽之一。穷奇之所以被称为凶兽，是因为传说它专吃正直、善良、忠诚的人。

穷奇有一种能力，就是能够听懂天下各地的语言。每当看到有人打架斗殴，它便将正直有理的一方吃掉；听说谁忠诚老实，便会咬掉那人的鼻子；听闻某人恶逆不善时，反而会衔着鲜美的兽肉来奖励。这就是穷奇最大的恶意，目的是让世间的善消失、恶横行。

由此可见，它应该是头凶兽，而且还是一种惩善扬恶、倒行逆施的生物。然而有些书中认为它也有可取之处，比如在古时腊八的前一天，宫廷里要举行一个叫逐疫的仪式，由方相氏带着十二只异兽游行，穷奇和另一只叫腾根的异兽共同负责吃掉害人的蛊，这又让人感觉它对人还是有些益处的。之后神话被历史化，神鬼也被人格化，穷奇逐渐演变为天下四凶之一，并最终被舜帝消灭。

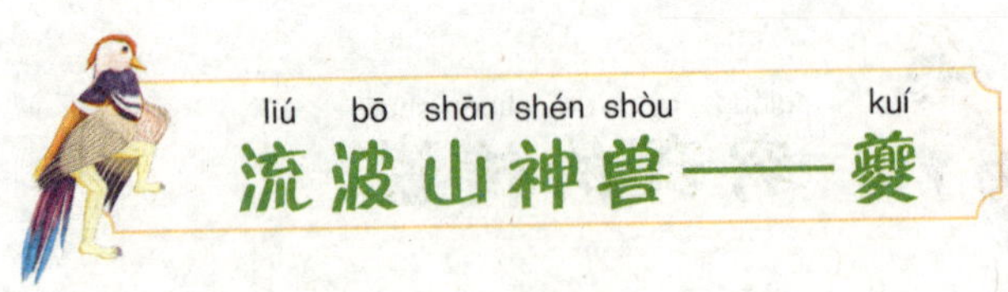

流波山神兽——夔

liú bō shān shén shòu kuí

夔是传说中的一条腿的怪物。《山海经·大荒东经》中有关于夔的记载：夔是古代神兽，生于东海流波山，形状似牛，全身都是灰色的，没有长犄角，只长了一只脚，每次出现都会有狂风暴雨。它身上还闪耀着光芒，就像日

光和月光，它的吼声和雷声一样震耳欲聋。

据传，黄帝派出风后和应龙一起将夔捉住，用它的皮制成了一面鼓。但是这面鼓还需要不同寻常的鼓槌才能发挥出强大的威力来。于是，黄帝用雷神的骨头制成了两根鼓槌。夔皮鼓与雷神骨头制成的槌结合在一起后便发出了惊天动地的响声，比打雷的声音还要大，可以传到五百里之外。

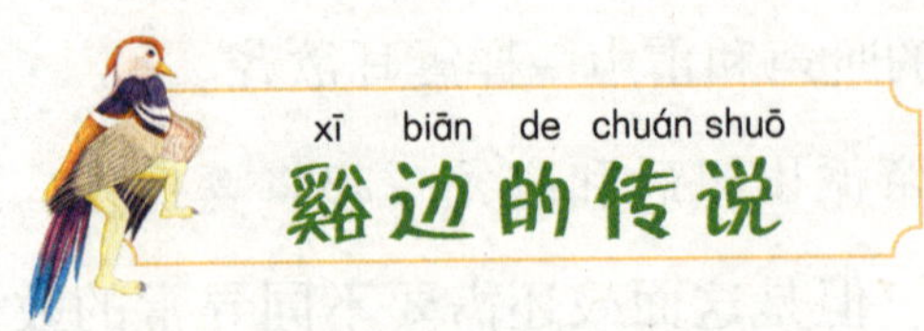

xī biān de chuán shuō
谿边的传说

天帝山有一种野兽，形貌像普通的狗，还会爬树，名叫谿边，人们用它的皮做席子坐垫，可用来辟蛊。这里的蛊不仅指腹中的毒虫，也指妖邪毒气、妖魔鬼怪。

因为谿边的皮具有辟邪的功能，所以遭到人们的大量捕杀。后来，谿边几乎要灭绝了，更别说捕捉它用于祭祀辟邪了。于是人们就用狗来冒充谿边，而黑狗血更是成了后世道士作法驱邪的标配。

早在春秋时期，约公元前七世纪，秦国君主秦德公（大名鼎鼎的秦穆公的父亲），做了一件大事，他把首都从偏僻的平阳迁到雍城（今陕西凤翔）。雍城是秦国非常重要的城市，也是秦国近三百年的都城。虽然后来秦国迁都到了咸阳，雍城失去了政治中心的地位，但作为故都，雍城是秦人宗庙所在地，许多重要的祭典活动还是在此举行。秦德公到雍城后的第一件事就是用牛、羊、猪各三百头来祭祀天地，占卜居住在雍城是否适宜。占卜的结果令秦德公大喜，最终决定在此定都。

有一年秦德公设立伏祭，即在进入头伏天时在都城四门杀狗祭祀，借此来祛除传播疾病的暑气。由此可见，春秋时期，谿边由于被人们捕杀，已经很难找到了，即使是国君需要，也只能用狗来代替。

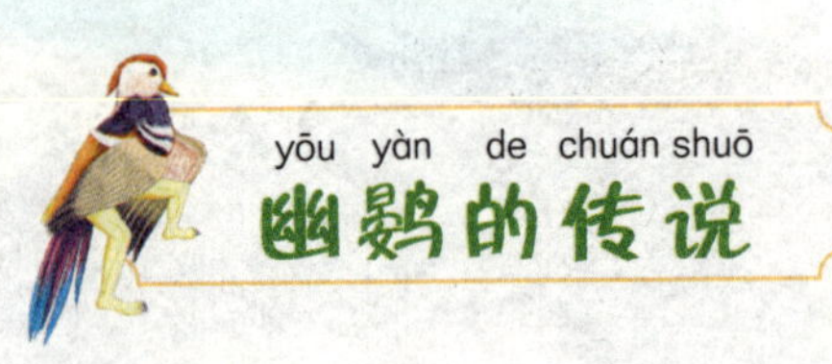

yōu yàn de chuán shuō
幽鴳的传说

石者山以北一百一十里是边春山。山上生机盎然，长满了野葱、葵菜、韭菜、桃树和李树。杠水从山中发源，向西流入泑泽。山中生活着一种神奇的野兽，名为幽鴳。它的样子和猴子很相似，但是全身有斑纹，特别喜欢嬉笑，吼叫的声音就像在呼喊自己的名字。最神奇的是它一见到人就躺在地上装死。这一点和鸵鸟有些相似，那就是都喜欢自己骗自己。

其实幽鴳是一种兽，是“禺”的一种。禺是古代传说中的一种猴子，因此有史料记载幽鴳和禺是同一种动物的

不同叫法。幽鴳是一种很有礼貌、仁义的猴子，它们居住在树上，白面黑颊，胡须很多且色彩斑斓，尾巴比身子还长，末端还有分叉，下雨的时候就用尾巴上的分叉塞住鼻孔。平时喜欢成群结队活动，年长的走在前面，年幼的跟在后面。进食的时候它们还会相互谦让，就跟人一样。据说人们只要捕住一只幽鴳，其他的幽鴳就会成群地啼叫着追随，即使被杀也不离开，情愿同生共死。古人很赞赏动物的这种性情，故称它们为“仁兽”。

幽鴳的性格特别多疑，见到人就躺在地上，遇到敌人就装死，样子看起来好像死去了，其实是在偷偷观察人，让人放松警惕。人们只要有一点点动作，它们就会嗖地爬到树上。

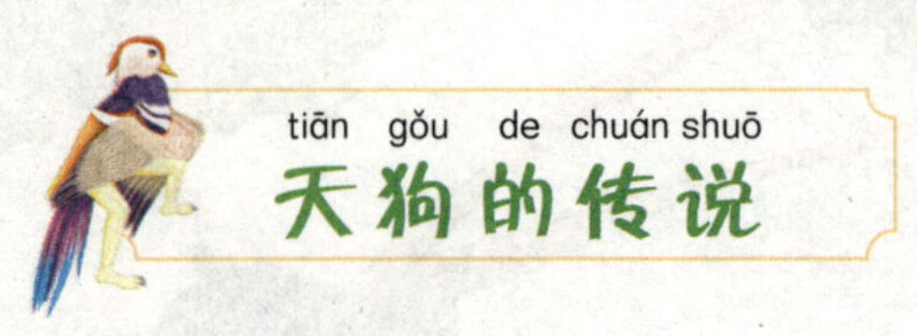

tiān gǒu de chuán shuō
天狗的传说

从章莪山往西三百里就是阴山。山中栖息着一种野兽，形貌像狸猫，有着白色的脑袋，常发出“喵喵”的叫声。虽然外形和声音都像猫，但名字偏偏叫天狗。

天狗是神话传说中天上神犬的统称，二郎神杨戬的哮天犬就属于天狗。这只哮天犬非常凶猛，好多大名鼎鼎的人物都被它咬过，其中较有名的有财神赵公明、碧霄仙子、邓婵玉等。至于那些被哮天犬一口咬死的无名小辈更是数不胜数。

还有一只有名的天狗，它是后羿的猎犬。由于古代的中国人缺乏天文学知识，便把日食、月食现象说成是“天狗吃太阳”或“天狗吃月亮”。该现象出现时，人们便会敲锣打鼓和放鞭炮来吓走天狗。

传说，后羿为民除害射落了九个太阳。王母娘娘为了奖赏后羿，便送了灵药给他。谁知嫦娥偷吃灵药后，独自升天了。门外后羿的猎犬黑耳见到后，就吠叫着扑进屋内，把剩下的灵药舔尽了。嫦娥听见黑耳的吠声，慌忙闯进月亮里。而这时黑耳毛发直竖，身体不断变大，一下子扑上去，把嫦娥连月亮一并吞下。

当时玉帝及王母娘娘得知月亮被一黑狗吞吃了，便下令天兵去捉拿。当黑狗被捉来后，王母娘娘认出这是后羿的猎犬，便封之为天狗，守护南天门。黑耳受到恩封，便吐出了月亮和嫦娥。

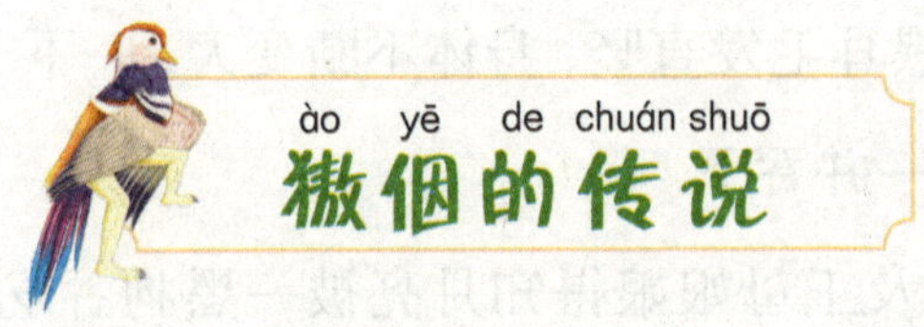

ào yē de chuán shuō 獓䚐的传说

在神话传说黄帝战蚩尤的故事中，炎帝族被侵，只好向黄帝族求援，于是黄帝与炎帝联合组成了炎黄部落，打败了以蚩尤为首的九黎部落。后来，九黎的后裔三苗逐渐壮大起来，在尧帝时期又叛乱了。于是尧发兵征讨，在丹水把三苗打败，并将其发配到危险的三危山。三危山占地广阔，方圆百里，比较凶险，因为山上有一种吃人的异兽叫獓䚐。

獓䚐形貌像普通的牛，身子是白色的，头上长了四只角，跟青藏高原上的白牦牛很像，它身上的毛又硬又长又密，就像披着蓑衣一样。

传说巴颜喀拉山下有一个部落要迁徙，去寻找新的草场。当部落和牛羊快要走出一个山谷时，一些牦牛发出了非常痛苦且悲切的声音，不愿意前进。这时，从身后巍峨的雪山深处出现了一头白牦牛，像雪一样洁白，十分漂亮、威武，它大吼着，向山谷外奔去。顿时，其他的牦牛就跟在它身后向外奔去了。当人们走出峡谷时，却发现那头白牦牛正和一只黑色巨怪在搏斗，只见沙石飞扬，天昏地暗。最后白牦牛用它勇猛尖利的犄角战胜了巨怪，部落才得以继续前进。这头白牦牛相传就是獬猸。这个部落最终在这个白牦牛的保护下找到了一个草肥水美、适合繁衍生息的地方。

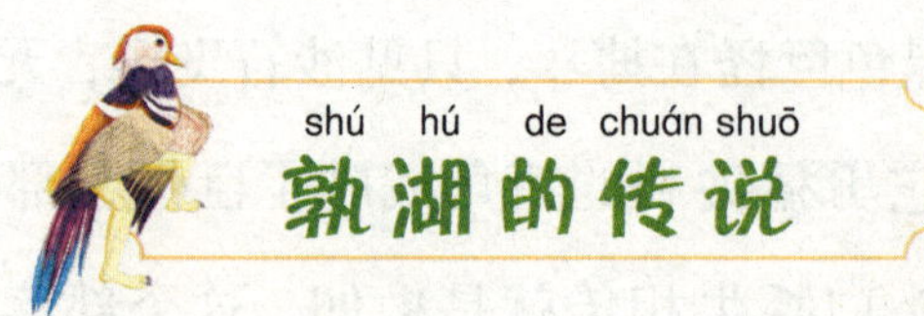

shú hú de chuán shuō
孰湖的传说

鸟鼠同穴山西南方向三百六十里的地方，有一座崦嵫山。崦嵫山是一处福地，这里出产很多珍禽异兽、奇花异果。山上有很多丹树，丹树的果实有西瓜那么大，皮是红色的，内里是黑色的，这种树的果实，可以治疗黄疸，还可防御火灾。山向阳的南坡多产乌龟，背阴的北坡多产美玉。

崦嵫山还生活着一种野兽，名叫孰湖。它的身体像马，却有鸟的翅膀、人的面孔和蛇的尾巴，很喜欢把人抱着举起来。孰湖集人、马、鸟、蛇于一身，样子凶恶，却很喜欢亲近人类，喜欢被人骑，愿意帮助人类。

孰湖其实是上古时期崦嵫山一带的部落对马的图腾崇拜。马是人类非常重要的动物伙伴，是人类的好朋友。据说，有一次黄帝的部下捕获了一匹野马，性情很刚烈，人一接近它，它就前蹄腾空，昂头嘶鸣，或把后腿蹦起来。于是黄帝委托驯养动物的能手王亥驯服了它。之后，风后、应龙、女魃、陆吾等都去祝贺，大家都知道骑马可以代步，而且省力快捷。从此之后，驯养马的技术就逐渐流传到各个部落，马也成为人们出行必不可少的代步工具。

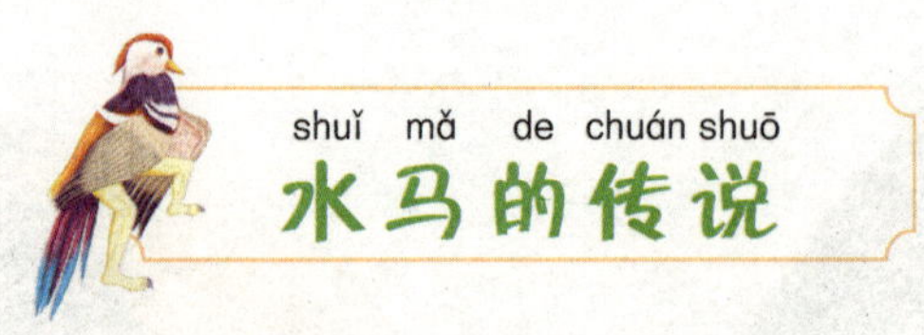

shuǐ mǎ de chuán shuō
水马的传说

单狐山往北走二百五十里，就到了求如山，这里有很多水马。水马的外形与一般的马相似，但前腿上长有花纹，尾巴像牛，它的叫声就像有人在叫喊。

水马是一种灵瑞之兽，它的出现是吉祥的征兆。水马就是传说中龙马的后裔。龙马也叫龙精，其在神话中第一

次出现，是在伏羲时期。

伏羲最大的功绩是创立八卦。相传伏羲在做部落首领的时候有一匹龙马横行肆虐世间，那龙马有着龙的脊背和马的身形，背上有对翅膀，高约三米，身上有龙鳞，在江河中能踩着水行走，如踏平地，背有图点，它由黄河进入图河(今洛阳市孟津县)，游弋于图河之中，到处兴风作浪，胡作非为。伏羲挺身而出，与龙马大战七天七夜，终于降服了它。伏羲根据龙马背上的图点，仰观天象，俯瞰大地，绘制出了河图，创造了八卦符号，史称“先天八卦”。

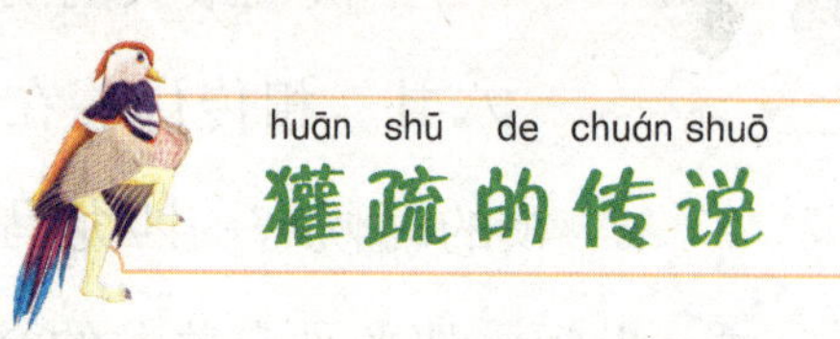

huān shū de chuán shuō
獾疏的传说

从求如山往北三百里，有一座带山，山上盛产玉石，山下盛产青石和碧玉。山中有一种神兽叫獾疏。獾疏的形貌像普通的马，但其头顶长着一只角，质地如同坚硬的磨刀石。据说饲养獾疏可以辟火。獾疏很像普通的马，但是它头上长着角，就成了传说中的独角兽，也就是神兽白泽。

白泽的地位很高，是可使人逢凶化吉的吉祥之兽，常与麒麟和凤凰等神兽为伍。有一次，黄帝去昆仑山东边的

恒山巡游，偶然在海边遇到一只白泽。这只白泽浑身雪白，能说人话，而且有一种特殊能力，能知道天地鬼神的事情，对山林水泽的各种精怪更是了如指掌，于是黄帝就派人把白泽所说的各种精怪都画成图像，并在图的旁边加上注解，一共画了一万一千五百二十种妖魔鬼怪。从此，黄帝管理世间万物就方便多了。

根据白泽的描述而编撰的这本书叫《白泽精怪图》。书中记载着各种神怪的名字、相貌和驱除的方法，并配有神怪的图画，人们一旦遇到怪物，就直接将画有白泽的图画挂在墙上或贴在大门上，以用来辟邪驱鬼。

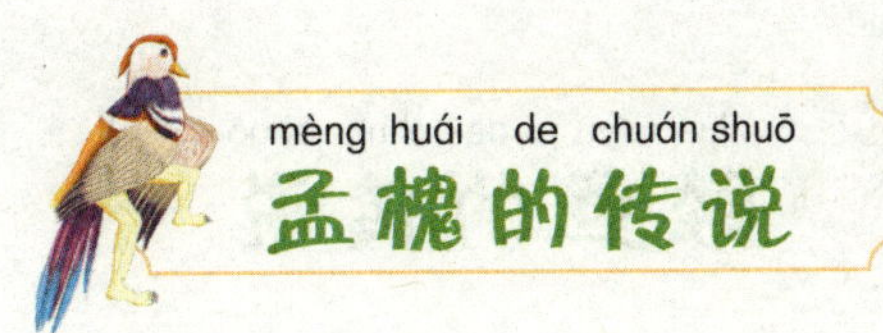

mèng huái de chuán shuō
孟槐的传说

谯明山属于北山山系，位于带山以北四百里的地方，山上没有植物，但遍布各种矿物。山中有种野兽，样子很像貉，毛是红色的，叫孟槐。孟槐的叫声如同用辘轳打水时发出的声音，据说人们饲养孟槐可以除凶邪之气。

经动物学家考证，孟槐其实是貉的一个分支。貉是非常古老的物种，跟狗一样都是犬科动物。它也是唯一会在冬季蜗居不出，选择用睡眠来度过寒冬的犬科动物。貉平时无所事事，四处游逛，不爱劳动，冬眠的时候根本没有自己的小房子。它们又不太擅长交往，没有太多朋友。数九寒天大雪纷飞的冬日，只有獾会打开自家的大门，迎接貉的到来。寒冬过去了，大地复苏、万物回春，貉不得不和獾道别，走出獾那温暖的家门。

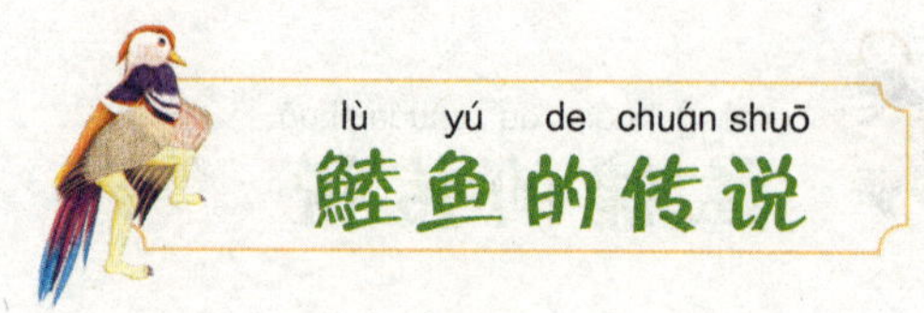

lù yú de chuán shuō
鯥鱼的传说

《山海经·南山经》中有这样的记载：从柢阳山往东三百里，有一座山叫作柢山。山上有一种奇怪的鱼，它是集鸟、兽、鱼、蛇四种动物的特征于一体的怪鱼，叫作鯥。它的形体像牛，叫声也像牛，长蛇一样的尾巴和鸟一样的翅膀，其中翅膀长在两肋之下。后世还有人说它长有牛蹄一样的四足。传说鯥鱼冬天蛰伏，夏天苏醒，人们吃了它的肉可以治疗身上的肿瘤。

根据《山海经》的记载，有人分析"鯥"根本就不是鱼，而是穿山甲。因为《本草纲目》中说穿山甲具有消肿溃痈的功效。但是这里明显与《山海经》的描述有差别，书中指明是鱼，并且穿山甲只会在温度过低的情况下进入冬眠，并非必须冬眠。那么"鯥"到底是现在的何种动物呢？可能是一种名为弹涂鱼的鱼类。弹涂鱼有离开水里觅食的习性，它能在陆地上像蜥蜴一样活泼运动。当它在做短距离蹦跳时，只依赖胸鳍活动；而在做一米以上距离的跳跃时，就必须依赖尾部叩击地面。而且研究表明，弹涂鱼是现在世界上进化程度较低的古老鱼类，所以弹涂鱼各方面都符合“鯥”的特征。

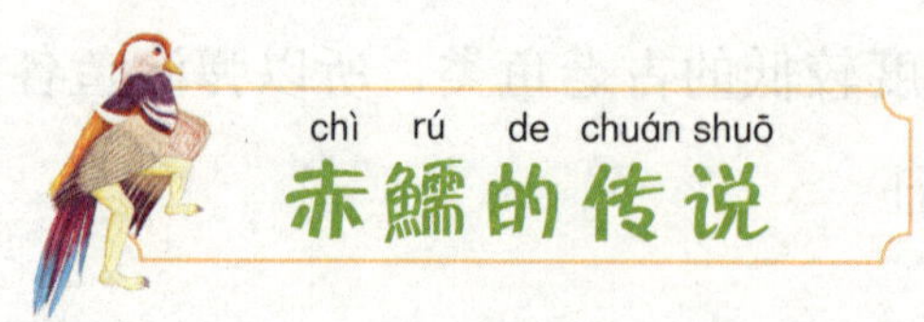

chì rú de chuán shuō
赤鱬的传说

赤鱬是一个很奇怪的灵兽，传说在上古时期很常见，它的数量不少，常结伴而行，并且常常隐藏在沼泽里面。赤鱬这种灵兽非常弱小，但是善于隐匿，很难捕捉。传闻赤鱬的肉味道鲜美，是难得一见的美食。

赤鱬之所以被称为灵兽，是因为它们的智商极高。据传，曾有一个皇帝想要吃赤鱬的肉，派了一支军队去捕杀赤鱬。平日里，赤鱬和普通的鱼类一样，丝毫没有反抗的能力。但是当这支军队来到沼泽边捕杀赤鱬的时候，不料竟掉进了赤鱬布下的陷阱。赤鱬为了保护自己不受伤害，便在一个深不见底的沼泽处编织了一个大网，这支军队毫不知情，慢慢地深入沼泽，当他们来到正中央的时候，赤鱬将大网

咬破，整支军队便沉入了深渊之中，全军覆没。

赤鱬在中国的神话里是一种很普通的异兽，但后来它漂洋过海到了日本，却成了一种神兽，据说吃了它的肉可以长生不老。不仅如此，赤鱬的鳞还是日本阴阳师制作石碑护身符的原料。

很多年前有一个叫安倍晴明的人，他是日本当时最有名的阴阳师。至今还有很多关于他的传奇故事在传颂。与赤鱬一同生活在青丘山的九尾狐诱惑纣王做坏事，后来被人一路追杀，就跑到日本去了。九尾狐偷渡到日本的时候把自己的邻居赤鱬也带去了，由于初到异乡很寂寞，就教给了赤鱬一些本领，使它成了日本神兽。九尾狐在日本又重操旧业，准备蛊惑君王，结果被安倍晴明认出来并杀死了。

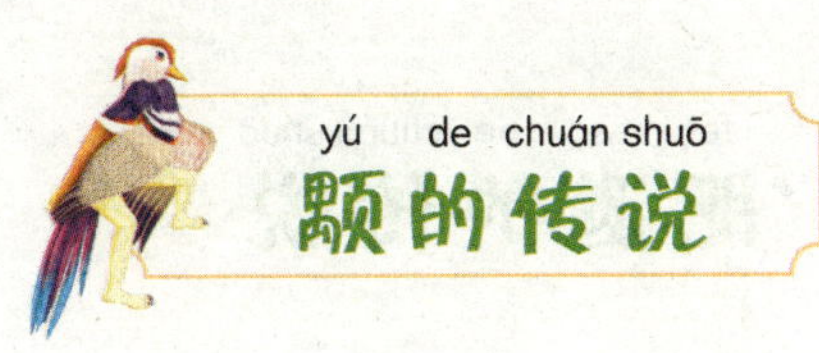

yú de chuán shuō
颙的传说

颙是一种禽鸟，其貌像猫头鹰，长着一副人脸，却有四只眼，长相极其恐怖，它发出的声音如自呼其名。颙也是大旱的象征。当这家伙出现的时候，就会引起长时间的旱灾。据说它经常出没的令丘山上没有草木，多山火，极少下雨，估计就是这家伙住在那里造成的。

据记载，明朝万历二十年（1592 年）时，颙鸟群聚于豫章城永宁寺，有二尺多厚，且当时燕雀成群，叫声嘈杂，结果在当年的五月至七月，豫章郡酷暑异常，滴雨未下，禾苗全都枯萎了。看来这颙鸟的本事，也不算太厉害，两尺厚的颙聚在一起也只是酷暑异常，没有下雨，与想象中的“连年大旱”差了不少。颙不是传说中的那些神兽和凶禽，却又和普通鸟类不同，具有一定的特异能力。因为力量不强，所以它们要像普通的鸟类那样群居生活，而不像那些上古神兽一样独来独往。但又因为它们拥有一定的神力，所以要比普通生物更加可怕。有时候一个不小心，它们就会给人类惹来不大不小的灾祸。

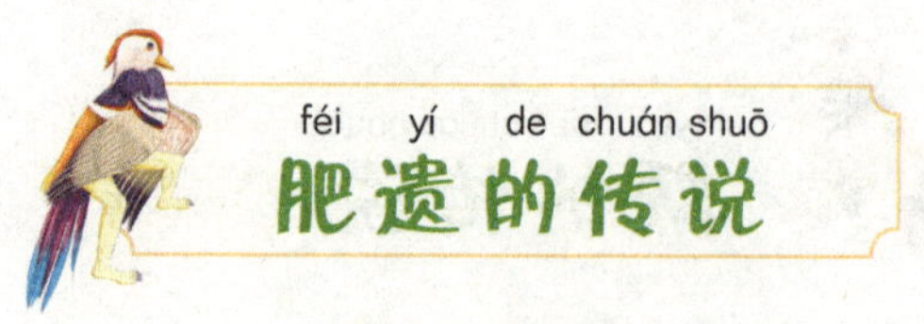

féi yí de chuán shuō
肥遗的传说

《山海经·西山经》中记载："太华之山有蛇焉，名曰肥遗，六足，四翼，现则天下大旱。"肥遗是一种居住

在太华山的怪蛇，长着六只脚和两对翅膀，一个脑袋，两个身体，它一出现，天下就会大旱。肥遗的栖息地比较多，军夕山、太华山、彭山等都有肥遗生活的痕迹。

肥遗原本是一条很善良的蛇，是女娲的后代。女娲长得人首蛇身，这种形态是大神的标志，但是肥遗没长出人首。也许经过艰难的修炼，肥遗还是可以修炼出人首的，但是它耐不住性子，不愿孤独寂寞地修炼，而是想出去闯荡，于是就去找水神共工，要在水神手底下历练。

共工与颛顼相争，一头撞断了不周山，导致天地倾斜，洪水泛滥。后来女娲下凡，费了好大劲，才补住了被共工撞坏的窟窿。女娲补天的时候，肥遗一直跟在其身后倾听教诲。后来，他对女娲说，虽然天补好了，但是洪水依然泛滥，自己愿意学习治服洪水的本领。女娲说："你的天赋比较适合做水神，可以推波助澜，呼风唤雨，假如不学习控制洪水的方法，会浪费你的天赋。"但是肥遗决心已定，于是女娲就教给它一个本领：让大地变干旱。

古籍记载商汤立国以后，肥遗曾经出现，商朝连遭七年旱灾。商汤在桑林祈雨，差点把自己作为牺牲祭祀给天神，才换来了一场甘雨。有专家考证，肥遗其实就是蝗虫。一旦肥遗形成数量优势，恐怕普通神兽不是对手。

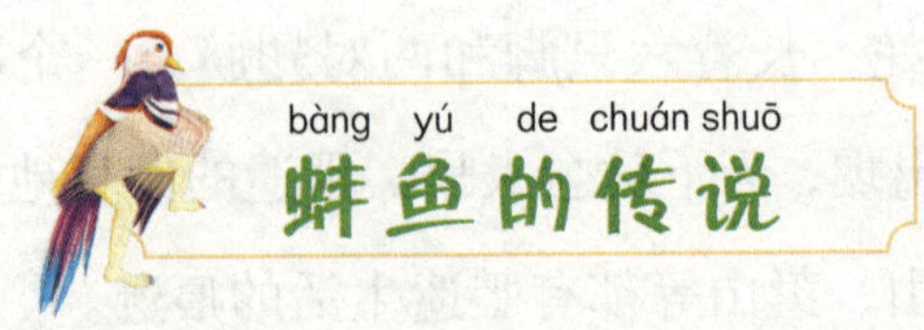

bàng yú de chuán shuō 蚌鱼的传说

前面说过，禺水从英山发源，向北流入招水，水中有很多蚌鱼，身体形状像鳖，叫声如同羊叫。其实，蚌鱼就

是现在的河蚌。

关于蚌蛤类动物有个美丽的传说：古时候，有个名叫谢瑞的青年，他父母早丧，被邻居照料到十七八岁。他每天早出晚归，辛勤耕作，没有一天休息。有一天，谢瑞在地里捡到一只大田螺，他高兴地拿回家，养在水缸里，并细心照顾它。

有一次谢瑞忙活了一天，直到星星都出来了，才筋疲力尽地回家。按照往常的情况，他今天一定又要饿肚子了。谁知刚进门口，一股饭菜的香味飘了过来，把他馋得直流口水。他打开房门一看，满满一桌子都是香喷喷的饭菜，虽然满腹疑虑，但谢瑞还是美美地饱餐了一顿。此后每次谢瑞回到家，都能看到桌子上已经摆好可口的饭菜。回来才发现竟然是那只田螺，变成姑娘帮他做饭。原来，田螺姑娘是东海龙王的女儿，上岸游玩的时候，化作田螺，由于离开了水源，快被晒死时，被谢瑞救下。于是为了报恩，龙女决定不再回归大海，终生和谢瑞一起在人间幸福快乐地生活。

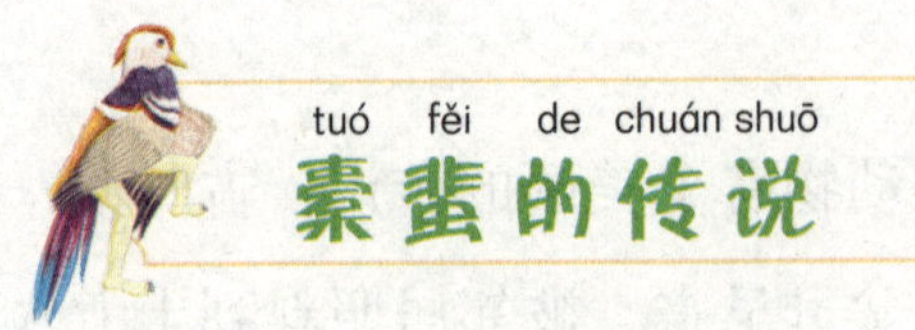

tuó fěi de chuán shuō
橐𩇯的传说

浮山再往西一百九十里，是瑜次山。漆水从这座山中流出，向北流入渭水。山上多棫橿树，山下竹林茂盛。山背阴的北坡产赤铜，向阳的南坡遍布婴垣之玉。山中有一种叫作嚣的野兽和一种叫橐𩇯的鸟类。橐𩇯长着一只脚，样子很像猫头鹰，人面鸟身。它夏天躲在窝里不露面，到了冬天才会出现。橐𩇯有一种特殊的能力，可以抵御雷电的袭击而毫发无伤，天雷滚滚都不能把它震醒。把它的羽毛做成蓑衣就可

躲避天劫，是修道修仙者竞相争夺的宝物。

公元六世纪，南朝皇帝陈后主生活奢侈，不理朝政，日夜与妃嫔、文臣游玩饮宴，创作艳词。而北朝则是英明神武的隋文帝杨坚主政，且一直对南朝虎视眈眈。陈后主认为两国隔着长江天险，况且南朝的舰队非常强大，北朝的“旱鸭子”是没办法渡过长江的，因此一点防备也没有。没想到，杨坚委派大将贺若弼用早就准备好的战舰趁南朝军队换防时偷偷渡过了长江。听闻隋军渡过了长江，陈后主这才慌张起来。据说在这时候有一群独足鸟聚集在陈后主的大殿里，纷纷用嘴画地写出救国之策，为陈后主出谋划策。这一群独足鸟就是橐蜚。橐蜚没什么统兵治国的经验，但是比那些六神无主、手足无措的大臣要强多了。可惜的是最后也没能保住南朝。

lěi niǎo de chuán shuō
鸓鸟的传说

黄山往西二百里，就来到翠山，山上是茂密的棕树和楠木树，山下到处是竹丛，山南面盛产黄金、玉，山北面有很多牦牛、羚羊、麝（shè）。翠山中有很多叫作鸓鸟的禽鸟，样子像一般的喜鹊，却长着红黑色的羽毛，还有两个脑袋、四只脚，据说它的名气很大。

鸓鸟能有这么大的名头与一次火灾有关系。据说有一次，翠山莫名其妙地起了野火，火越烧越大，很快就蔓延到村落里。人们虽然积极救火，但只靠水桶水盆，是杯水车薪，无济于事。就在人们筋疲力尽，无计可施的时候，突然一只神鸟儿落在翠山之中，奇迹发生了，大火居然莫名其妙地熄灭了。人们一边欢呼雀跃，一边仔细看着这只鸟，发现这鸟极像喜鹊，但是有双头四足。原来这就是避火神鸟——鸓鸟。从此以后，人们对鸓鸟非常尊敬，不再伤害它。鸓鸟呢，也在翠山之中生活了下来，翠山再也没有发生过火灾，终年草木丰茂，成为名副其实的翠山，常年郁郁葱葱。

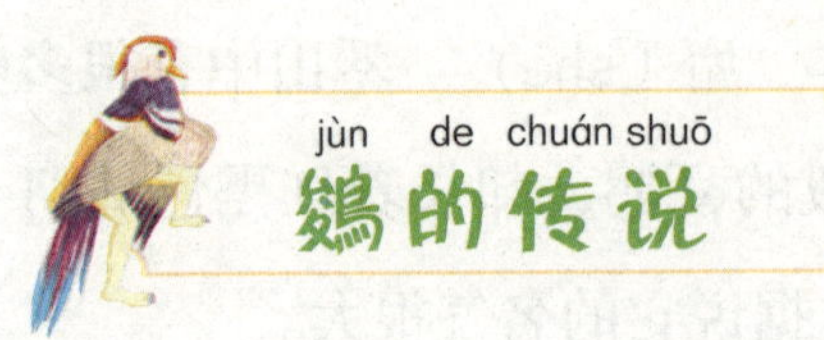

jùn de chuán shuō
鵕的传说

大神烛龙有个儿子叫鼓，和父亲一样是人面龙身之神。但鼓是一个混世魔王、不知轻重的纨绔子弟，经常做一些不着调的事。

有一次，鼓带着自己的狐朋狗友钦駓去昆仑山游玩，在昆仑山的南面，他们遇到了一个叫葆（bǎo）江的天神。葆江是天帝的亲信，和鼓向来不和，仗着自己本领高，有天帝宠信，向来不买鼓的面子，根本瞧不起他。鼓对此很

生气。这次双方一见面，自然是怒目相向，尤其是葆江又一次对鼓进行了冷嘲热讽，鼓一时气不过，就怂恿钦胚一起把葆江杀死了。

这件事情很快就被天帝知道了。天帝与烛龙关系并不好，因为烛龙已经威胁到天帝的位置了。这次鼓被天帝抓住了把柄，天帝就小题大做，杀鸡儆猴，故意在烛龙的老巢钟山附近一个叫峣（yáo）崖的地方把肇事者鼓和参与者钦胚处决了。

鼓死后阴魂不散，怨魂转世成为一只叫作“鵕”的怪鸟，形状像鹞鹰，却长着红色的脚和直直的嘴，身上是黄色的斑纹而头是白色的，叫声与大雁相似。它在哪个地方出现，哪里就会发生旱灾。鵕鸟虽然死了一次，但还没吸取教训，反而破罐子破摔，仗着父亲的威名，一有机会就出来闹事，以此来发泄内心的憋屈，因此受害的人们对鵕鸟深恶痛绝，总想除之而后快。

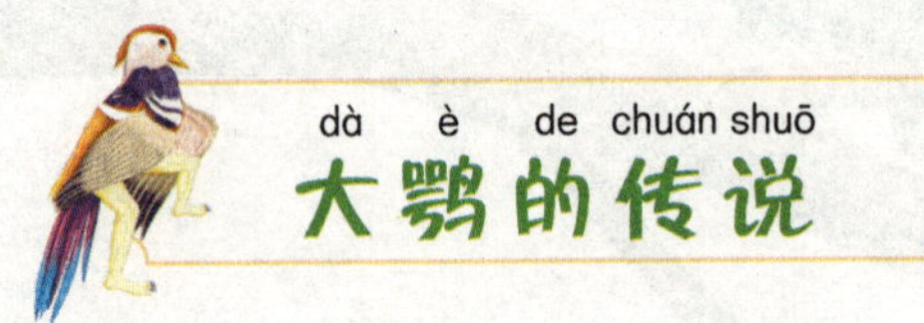

dà è de chuán shuō
大鹗的传说

鵕鸟是鼓的化身，而钦䲹是鼓的伙伴，他与鼓一同杀害了葆江，所以最终与鼓一同被天帝斩杀。钦䲹死后便化为了大鹗，它的外形像普通的雕，却长有黑色的斑纹和白色的脑袋，还有红色的嘴巴和老虎一样的爪子，叫声与晨鹄极为相似。大鹗被认为是一种不祥之鸟，它一出现，往往就会爆发大的战争。

关于鼓与钦䲹共同杀死葆江这个故事还有另一个版本：上古时期，黄帝和炎帝曾进行过一场大的战争，当时的葆江站在黄帝这一方，还为黄帝征伐炎帝立下了战功。而鼓则与钦䲹站在炎帝这边。最终，黄帝带领部族浴血奋战，打败了炎帝。黄帝上了位，自然要将反对他的人处死，而鼓与钦䲹自然也就成了黄帝部族的刀下鬼。鼓死后变成了一只鵕鸟，而钦䲹死后则变成了大鹗鸟。

并封的传说

女丑是帝尧时期有名的大巫师。当时，巫师的地位很高，因为他们是人类跟神灵打交道的唯一的使者，占卜、治病、驱凶、祈福等重大仪式，都需要巫师主持。

帝尧统治时期，十个太阳出现在天空，大巫师女丑主动请缨，作法祈雨，结果被十个太阳炙烤而死。但人们没有忘记为祈雨而死的女丑，她死去的地方，经常有人去祭祀。那些去祭拜和定居的巫师们甚至在那里组成了一个国家——女丑国。再后来，这个国家又出现了一位著名的巫师叫作巫咸，因此这个国家又叫作巫咸国。巫师们都认为自己是女丑的继承人，是天帝向人们传达旨意的使者，也是人们向上天表达诉求的途径。

跟西方女巫有飞行扫帚一样，巫咸国的巫师们也是有坐骑的，而且很神奇，叫作并封。并封看起来像是猪，却前后都有头，可以向前走，也可以向后走，在向前走的时候可以突然向后走，并且不用转身。并非所有的并封都像猪，还有像狗的，也有像马的，但它们都有一个特点，就是一身生双头。

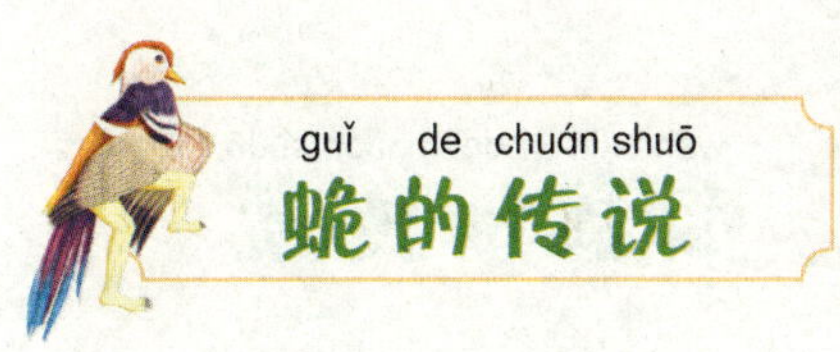

蛫的传说

暴山往东南二百里，有座即公山。即公山上有一种野兽，名叫蛫，其形貌像一般的乌龟，却是白身子、红脑袋。据说人们饲养它可以辟火。蛫这种异兽应该是龟的一种。

龟在古代神话里有很高的地位。人们将龙、凤、麟、龟并称为“四灵”，因此有很多关于龟的神话传说。据说在渤海之东有一个叫归墟的地方，是一个无底之海，在海上漂浮着“五座神山”，即岱舆、员峤、方丈、瀛洲、蓬莱。每一座山都由三头巨鳌支撑着，这些巨鳌每六万年换一次班。

正当远古时代的人们在这五座神山上安居乐业的时候，生活在龙伯国的巨人去那里游玩了。龙伯国的巨人都像神山一样高大。他们到了归墟，就拿出钓竿，挂上饵去钓鱼。那些巨鳌早就饿得受不了了，一见到饵，就主动上钩了。结果，巨鳌被龙伯国人钓走了六只，于是，岱舆和员峤这两座神山就漂向北方，不久就消失了。住在那两座神山里的神仙和人们被迫流亡到其他地方。这件事让天帝十分震怒，于是他把龙伯国的人流放到边远地区，并把他们国人的躯体变小了。

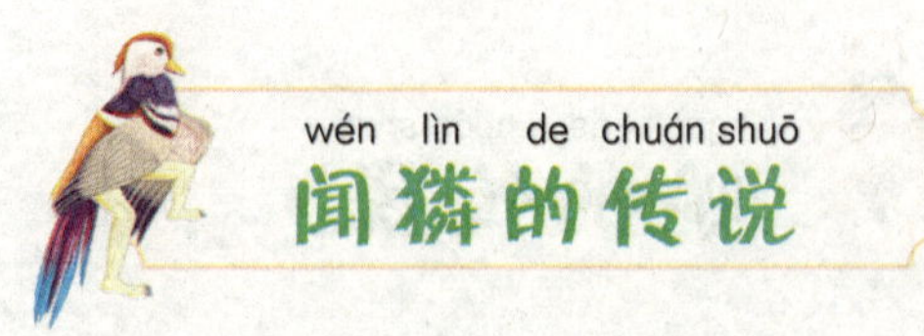

wén lìn de chuán shuō 闻獜的传说

杳山再往东三百五十里，有座几山。这里的树木，以檀树、杻树最多，还有各种香草。山中有一种怪兽，叫作闻獜。它的形貌像普通的猪，却是黄色的身子、白色的脑袋、白色的尾巴。

自翼望山起到几山的荆山山系，一共有四十八座山，这些山的山神都是猪身人面。相传，这些山神大都是野猪成精后所变的，这就是说这些地方野猪比较多见。普通野猪修炼成野猪山神是需要一个过程的。闻獜虽然已经超越了普通野猪，但还没有达到山神那种程度。不过，闻獜还是修炼出了一些神力，如它出现在哪里，哪里就会刮起大风。

在神话传说里，猪形神兽还是有不少的，比如深受大家喜爱的猪八戒。猪八戒的原型是印度教的大神毗湿奴。毗湿奴是印度教中的守护之神，常化身成各种形象拯救人们于危难之中，其中一个化身就是野猪。据说有一个名为毕拉尼克的恶魔欲将大地拖入海中，毗湿奴便化身为野猪潜入海中与恶魔搏斗，并打败恶魔，然后用他的牙齿将大地拉起。因此，野猪也就成了拯救世界的一个英雄之神。后来《西游记》的作者吴承恩就是根据这个传说塑造了既可爱又可笑的猪八戒形象。

jū rú de chuán shuō

狙如的传说

卑山再往东走三十里，有一座倚帝山。倚帝山上有丰富的玉石，山下有丰富的金矿。山中有一种野兽，形貌像鼣鼠，长着白耳朵白嘴巴，名字叫狙如。这种异兽在哪个国家出现，哪个国家就会发生大的战争。

无独有偶，距离倚帝山不远处，有一座历石山，这里的树木以牡荆和枸杞最多，山阳面盛产黄金，山阴面盛产细磨石。山中有一种野兽，名字叫梁渠，形状像野猫，却长着白色的脑袋、老虎一样的爪子。相传，此兽在哪个国家出现，哪个国家就会发生大的战争。

这两座山中栖息的狙如和梁渠其实是同一种动物，这种动物还叫云豹。云豹虽然叫豹，但体形不大，只比猫大一点，是体形最小的豹。云豹全身淡灰褐色，身体两侧约有六个云状的暗色斑纹，这是它叫云豹的原因。云豹个头不大，但有惊人的咬合力，它有比较大的脚掌，很像是虎爪。

这种神奇的动物非常善于隐蔽，人们从树下经过，也很难发现潜伏在树上的云豹。因此人们看见神秘的云豹就会担心预示着什么。有人在遇见一两次云豹过后，偶然发生了战争，所以就认为云豹是战争的征兆，人们便以讹传讹，这种说法也流传开来。

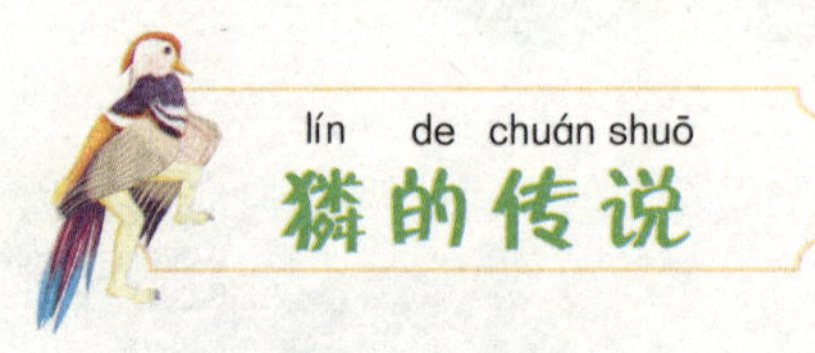

lín de chuán shuō
獜的传说

据《山海经》记述，獜是依轱山上的异兽。依轱山位于堇理山的东南三十里左右。獜的形貌像普通的狗，却长

着一双老虎一般的爪子，擅长跳跃腾扑，而且它的身上有鳞甲，它的名字可能就是由此而来。

獜也是一种神兽的后裔，它的祖上就是大名鼎鼎的麒麟。作为麒麟的后代，獜虽然没有祖先那样声名显赫、受人尊敬、与龙凤齐尊，但也算有益无害，未入歧途，没有给先祖的脸抹黑。

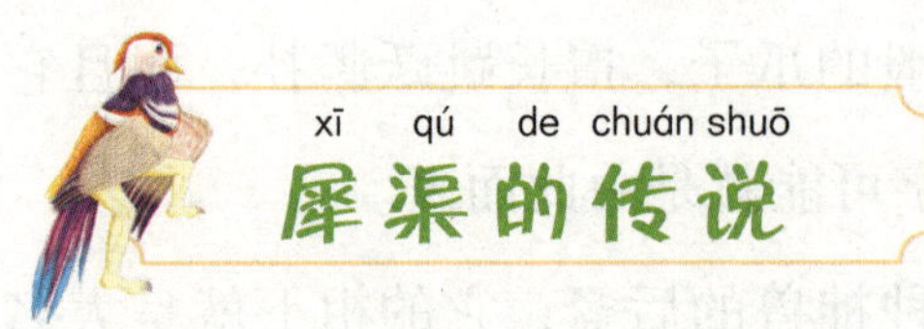

xī qú de chuán shuō
犀渠的传说

扶猪山再往西一百二十里就到了厘山。厘山山南面有很多玉石，山北面有茂密的茜草。厘山生活着两种野兽，一种是犀渠，另一种是獭。犀渠形貌像一般的牛，全身青黑色，发出的声音如同婴儿啼哭，是吃人的异兽。犀渠长相凶恶，却又非常胆小，倘若看到拿着武器的人们总是仓皇而逃，但犀渠又喜欢食人，又怕人又喜欢吃人，怎么办？犀渠很聪明，它为了吃人，想出一个好主意，静悄悄地藏起来，偶尔发出婴儿的声音，以吸引独行路人的注意，路人过来后便扑上去将其吃掉。如此看来，犀渠是一头邪恶的胆小野兽。

传闻远古时期，犀渠是最早出现的凶兽之一，也是最暴力凶猛的怪兽。它身躯强壮，皮糙肉厚，力大无比，头可以断石。它一出现便干旱无雨。烈日炙烤之下，犀渠正在觅食，山林中野兽见到犀渠无不四下逃窜，更有甚者被吓得瘫痪，成为犀渠的盘中之餐。犀渠称霸整个灵山，直到黄帝一统天下之后，见犀渠为祸一方，才派遣军队将其猎杀。

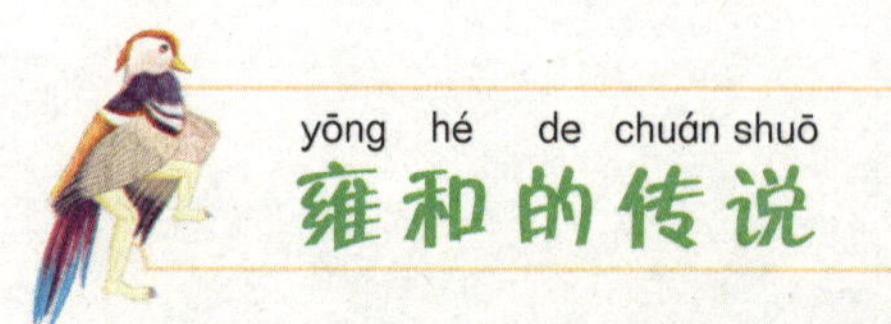

yōng hé de chuán shuō 雍和的传说

前山再往东南三百里，有一座丰山。丰山里有一种野兽，名字叫雍和，它们的形貌像猿猴，却长着红眼睛、红嘴巴、黄色的身子。据说，雍和在哪个国家出现，哪个国家就会发生恐怖的事。

雍和这种怪兽应该是朱厌的近亲。它虽然没有朱厌那么大的神力，但也可以祸害一个国家。神仙耕父也住在这座山里，常常在清冷渊畅游，出入时都有闪闪的金光。

耕父既然是神，就需要人们的祭祀供奉，但是他自己不方便出动，因为他走到哪里，哪里就要衰败，人都没有了，自然也就无法给他祭祀。无奈之下，耕父网罗了一个爪牙，他就是雍和。每次耕父想要祭祀的时候，就先派雍和去恐吓那里的百姓，说如果那里的人胆敢不祭祀，耕父就亲自上门，让整座城衰败。因此雍和的每一次出现都会引起人们的极大恐慌。不过耕父也因此得到了很多供奉。

西周时期，姜子牙封神的时候，为了惩罚自己的前妻马氏有眼无珠，就将其封为扫帚星。自从马氏成为带来灾难或厄运的新神，抢了耕父的神位，耕父才逐渐被人们淡忘。

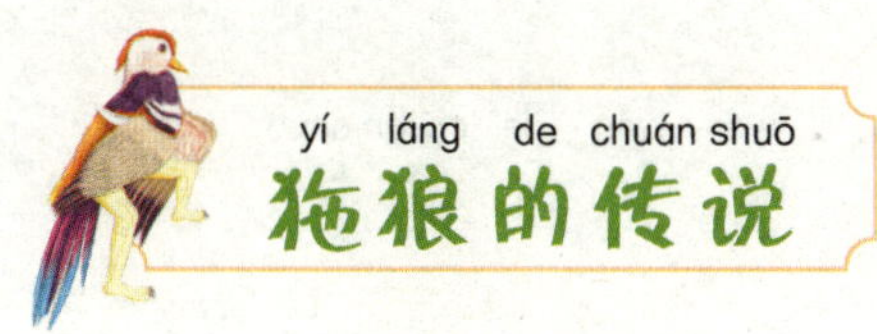

猗狼的传说

《山海经·中山经》中记载：高梁山再往东四百里是蛇山，这里的树木以栒树最多，还有许多豫章树。山中有一种野兽，形貌很像狐狸，却长着白尾巴和长耳朵，名字叫㹢狼。㹢狼在哪个国家出现，哪个国家就会有战争。

㹢狼是世界上最小的犬科动物之一，如狐狸一般大小，具有乳白色或淡黄色的皮毛，白色的腹毛和一条白色的尾巴，尾梢微呈黑色。它巨大的耳朵易于鉴别，耳朵与躯体的比例在食肉动物中首屈一指。㹢狼的大耳在长时期的物竞天择中逐步形成，通过耳朵散热，以适应沙漠干燥酷热的气候，同时又能对周围的微小声音迅速作出反应。

㹢狼生活在非洲北部和西亚沙漠地带，其皮毛、耳和肾的功能都适应了高温缺水的干燥环境。洞穴一般建在沙漠的灌木丛下，以便植物根茎对隧道两壁起到支撑作用，植物枝叶则用来铺垫巢穴。

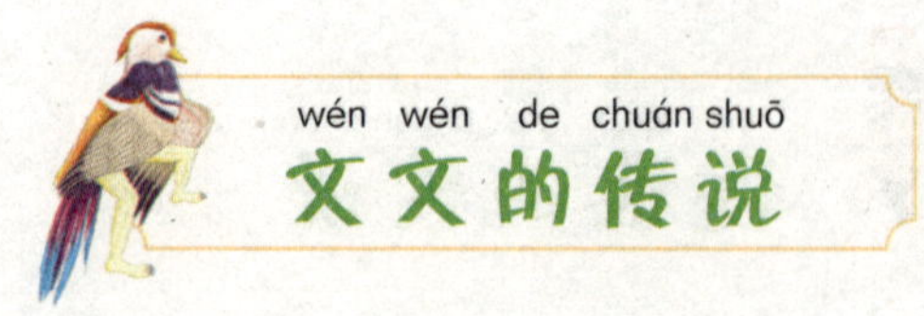

wén wén de chuán shuō 文文的传说

堵山再往东五十二里，是放皋山。山中有一种树木，名字叫蒙木，叶子与槐树叶相似，开黄色花却不结果实，人吃了它就能变聪明。山中有一种怪兽，形貌像蜜蜂，长着分叉的尾巴和反着生长的舌头，喜欢呼叫，名字叫文文。

文文应该是生活在放皋山的一种蜂，个头比较大，而且长得比较奇怪，所以被记载在《山海经》里。

放皋山下有一个很大的村庄，村里有个姓万的大户人家，万少爷天生愚笨，出门必须有人跟着，要不然就会走丢了。有一次，万家人一时疏忽，少爷就不见了。万老爷命令所有的家丁各处寻找，找了三天也没找到。正在着急的时候，忽然飞来一只怪兽，只见它形状像蜜蜂，长着分叉的尾巴和倒转的舌头，它边飞边大声鸣叫，好像在喊："跟我来啊。"

人们追着怪兽跑啊跑啊，一直来到一个深深的地穴前才停下。这时，地穴中传出喊声，"我在这里呢！"大家往下探头一看，地穴里黑乎乎的。万少爷冷静的声音又传来：“你们割一根藤条，我抓着藤条，你们把我拽上去。”

愚笨的万少爷竟然给大家出主意，这真是太奇怪了。万老爷又惊又喜，赶紧命人把他救上来。

回到家，万少爷讲述了事情的经过，他糊里糊涂进山，又掉进地穴，怪兽飞来，叼来了一种树叶给他吃，他吃了树叶，不饿不渴了，一下子变得聪明了。他从怪兽的叫声中听出来，它的名字叫文文，而那种树叶正是传说中能让人变得聪明的蒙木。从此，放皋山又多了一个关于怪兽文文的传说。

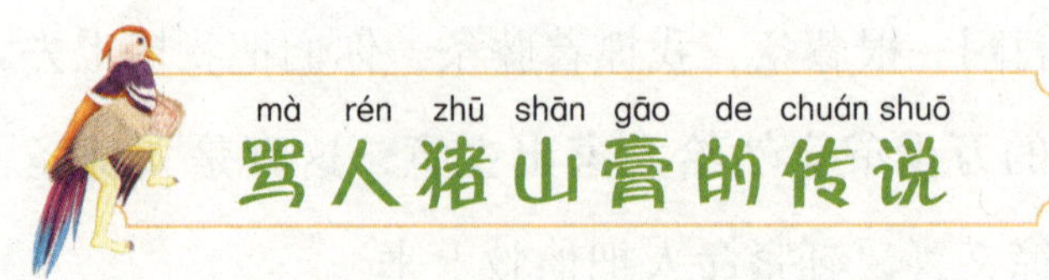

mà rén zhū shān gāo de chuán shuō

骂人猪山膏的传说

姑瑶山往东二十里就来到了苦山。山上有种树叫黄棘，开黄花，叶子是圆形的，果实像兰草的果实，如果误食了它，就会不孕不育。这种果实其实就是上古时期的避孕药。山上还有一种草，圆的叶子而没有茎，开红花却不结果实，名字叫无条，吃了它能使人的脖子不长肉瘤。

这座山里还生活着一种很有意思的动物，名字叫作山膏，个头不大，长得很像小猪，全身都是火红色的，特别喜欢骂人。有一次帝喾出游到了苦山，就遇到了一头山膏。帝喾看见这头小猪和其他的猪不一样，虽然整天在泥里打滚，浑身反而干干净净的，皮毛还是火红色。于是帝喾很喜欢，就想抓住它当宠物，结果这头小猪开口就骂，恶毒地诅咒帝喾。帝喾哪能容忍自己被如此恶毒地谩骂，他勃然大怒．一气之下就把盘瓠放了出去，把山膏咬死了。

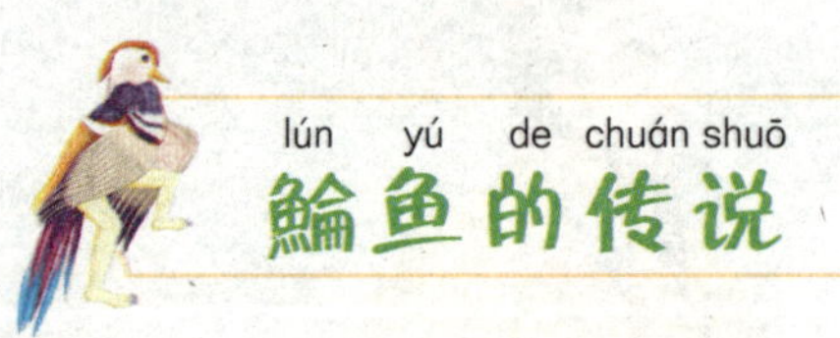

lún yú de chuán shuō
鯩鱼的传说

大苦山往东走七十里就到了半石山。山上有一种草叫作嘉荣草，这种草刚出土发芽就开始结果实，据说吃了它的果实就不怕打雷。

传说黄帝跟蚩尤的战争旷日持久，蚩尤的军队非常强悍，黄帝一方有点抵挡不住。于是黄帝就杀死异兽夔牛，用它的皮做了一面鼓来鼓舞士气。但是这面鼓不是寻常的

鼓槌能够敲响的，黄帝于是想用雷神的骨头做一根鼓槌。雷神就住在雷泽，长得异常高大，人头龙身，拍打一下肚子就会发出雷声。

于是，黄帝派出大量人马，费尽艰辛终于抓住了雷神，然后抽出雷神身体里最大的一根骨头，做了一根鼓槌。受伤的雷神就被扔在半石山，这里的草被雷神的血浸染，就变成了嘉荣草。半石山是来需水的发源地。来需水从这里向西流入伊水，水中生长着很多鯩鱼，浑身长满黑色斑纹，形状像普通的鲫鱼。雷神身上有很多鳞片，他受伤后鳞片散落在水里，都变成了鯩鱼。人吃了鯩鱼的肉后精神会变得特别好，甚至可以不用睡觉。

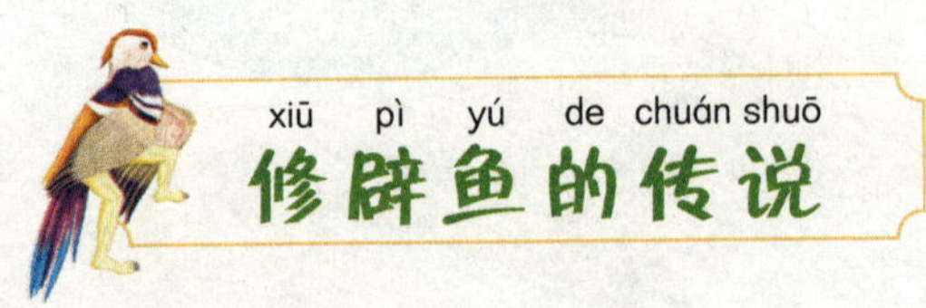

xiū pì yú de chuán shuō
修辟鱼的传说

从傅山往西走五十里就到了橐山。山中的树木大多是臭椿树，还有很多构树。山南面有丰富的金属矿物和玉石，山北面有丰富的铁，还有茂密的蒿草。橐水从橐山发源，然后向北流入黄河。水中有很多修辟鱼，形状像蛙却长着白色嘴巴，叫声如同鹞鹰鸣叫，人吃了它的肉就能治愈白癣病。根据修辟鱼的外形判断，它应该是一种蛙类。

而修辟鱼作为蛙类的一种，生活在河水中，栖息在蒿草丛，对人类无所求，却能奉献出自己的身心帮助人们祛除疾病，所以在古人心中应该算得上是一种吉兽。

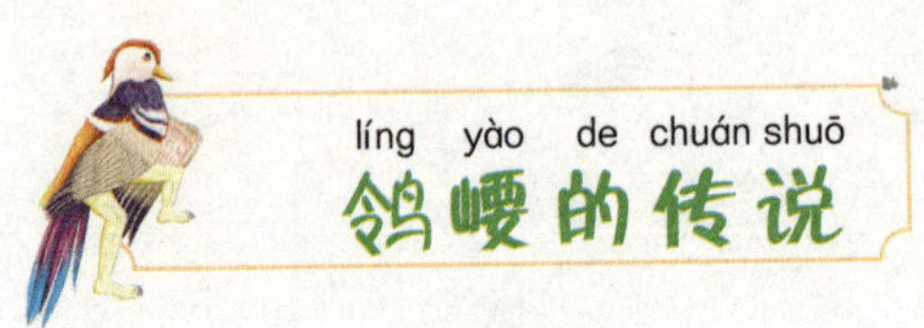

鸰䳇的传说

líng yào de chuán shuō

缟羝（gǎo dī）山再往西走十里就到了瑰（guī）山。山中有一种禽鸟，形状像野鸡，却拖着一条长长的尾巴，身子通红如火，嘴壳却是青色的，名叫鸰䳇。它的叫声像是叫自己的名字，吃了它的肉就能使人不做噩梦。

瑰山下部落里的人也曾想到山中寻找玉石，可是，山高林密，进山都会迷路，人们只好打消那些念头。部落贵族听到鸰䳇的传说，很想尝尝鸰䳇的肉有多么神奇。他听说山脚下的茅家父子俩常年在山中采药，见过这种鸟，就派人找到茅家父子，要他们进山捕捉鸰䳇。茅父跟儿子说："鸰䳇是山中的灵鸟，我们不能做伤天害理的事。"爷俩拒绝了贵族的要求。

不久，其他部落入侵，茅家父子所在部落中的年轻人纷纷出征，抗击外敌。在保卫家园的战斗中，部落的年轻人勇敢战斗，打退了敌人。可是，很多勇士在战斗中受了伤，

茅家父子虽然用草药把他们的伤治好了，但战场上残酷的记忆让他们整天做噩梦，生活很痛苦。茅家儿子对茅父说："父亲，咱们能有安定的生活，都是用勇士们的生命换来的啊！现在他们这么难过，我们应该帮帮他们！"

茅父连连点头称是。爷俩赶紧到山中捉回了一只鸲嗽。勇士们喝了鸲嗽肉煮成的汤，一个个都好起来了，大家再也不做噩梦了。

茅父恳求部落里的人们："我们不得不用鸲嗽做药治好了勇士们的病痛，鸲嗽算是我们部落的恩人，希望以后大家再不要伤害它们。"从那以后，"绝不捕杀鸲嗽"成了当地百姓的一个约定。

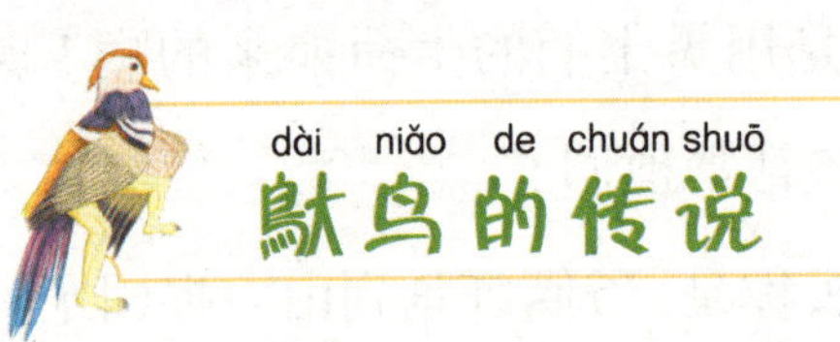

dài niǎo de chuán shuō
䲦鸟的传说

荀林山往东走二百里，就到了首山。首山是黄帝经常流连的地方，山上的铜质量非常好，因此黄帝就在此建造了炼铜炉。黄帝与蚩尤大战的时候，就用首山的炉铸造了一把轩辕剑，并用它杀死了蚩尤。黄帝在首山除了采铜铸造轩辕剑，还铸造了中国历史上第一座鼎。据传鼎铸造出来之后，黄帝就被龙接上天去了。

首山的北面有一个峡谷叫机谷，峡谷里有许多䲦鸟，形状像猫头鹰却长着三只眼睛，叫声如同鹿鸣，人吃了它的肉就会治好湿气病。䲦鸟应该就是一种体形比较大的猫头鹰雕鸮。雕鸮的眼睛上方有一块大型黑斑，看起来像第三只眼睛。

雕鸮属夜行猛禽，喙坚强而钩曲，嘴基蜡膜为硬须掩盖。翅的外形不一，尾短圆，脚强健有力，以利攀缘。爪大而锐。耳孔周缘有明显的耳状簇羽，有助于夜间分辨声响与夜间定位。胸部体羽多具显著花纹。多栖息于人迹罕至的密林中，营巢于树洞或岩隙中。飞行时缓慢而无声，通常贴着地面飞行。食性很广，主要以各种鼠类为食，也吃兔类及其他鸟类，有时甚至会捕食有蹄类动物。叫声深沉。遍布于欧亚和非洲。

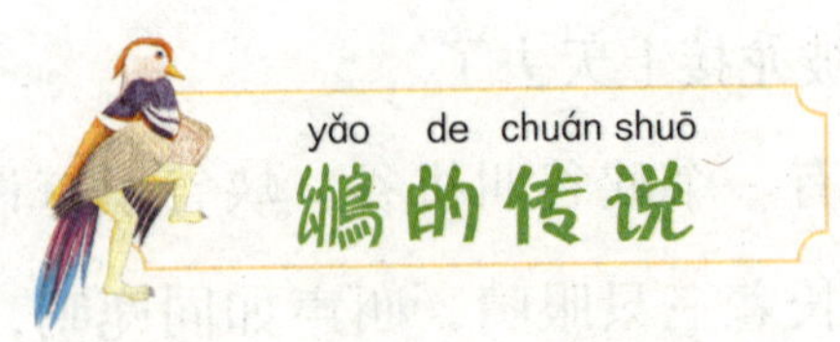

yǎo de chuán shuō
䳃的传说

从敖岸山再往东走十里就到了青要山，这座山是天帝在人间的住所之一。山中生长着一种草，形状像兰草，却长着四方形的茎、黄色的花朵、红色的果实，根部像藁本的根，名叫荀草，服用它就能使人的肤色变得洁白漂亮。

神女武罗担任青要山的山神。这位山神长着人的面孔，却浑身长着豹子一样的斑纹，细小的腰身、洁白的牙齿，而且耳朵上穿挂着金银环，像玉石碰击一样叮叮作响。据说青要山非常适宜女子居住。

畛（zhěn）水从青要山发源，然后向北流入黄河。畛水里生活着一种禽鸟，名叫䲹，其外形像野鸭子，有着青色的身子、浅红色的眼睛、深红色的尾巴，吃了它的肉就能使人多生孩子。䲹又叫鱼鸡，但与蔓联山的鸡不是同一种鸟，而是一种鸬鹚。鸬鹚擅长游泳和潜水，游泳时颈脖向上伸直，头微向上，潜水时首先身体半跃出水面，再翻身潜入水下。但是䲹不同于一般的鸬鹚，它已经不会飞了。

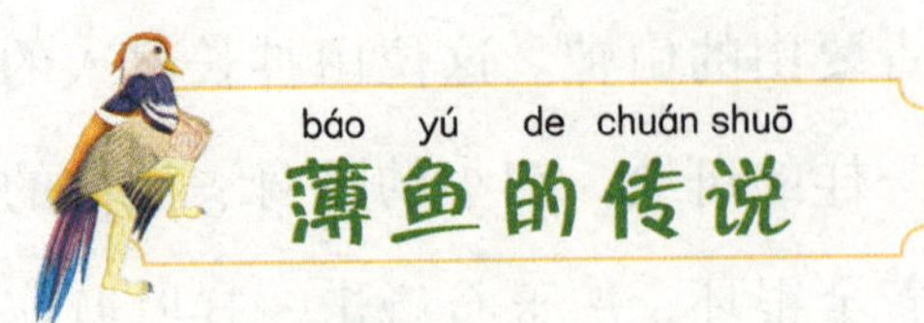

薄鱼的传说

东始山再往东南走三百里就到了女蒸山，这座山草木不生。石膏水从这座山发源，然后向西流入鬲（gé）水。石膏水中有很多薄鱼，形状像一般的鱼，却长着一只眼睛，叫声如同人在呕吐，它一出现天下就会发生大旱灾。还有人说它一出现就会有谋反之事发生。

关于薄鱼有这样一种传说：相传在很久以前，一位渔民带着儿子在海中捕鱼，突然捕到了一种长相极为奇特的薄鱼，更为奇怪的是，这条鱼会说话。这时，海中突然掀起了大风暴，渔船沉没。这条神奇的鱼变成美女，使尽全身的法术，将渔民和他的儿子救起。此后经常见面，不久两个年轻人彼此相爱。小伙子答应有朝一日乘船来迎娶这位姑娘。后来，痴心的姑娘每天都坐在海边的岩石上等候那个人的归来。岁月流逝，好梦难圆，渔民的儿子最终没有归来，可怜的姑娘就像望夫石那样变成了一尊石像。

zǐ yú de chuán shuō
茈鱼的传说

旄山再往南走三百二十里就到了东始山，山上多出产苍玉。

山中有一种树木，形状像一般的杨树，却有红色纹理，流出的汁液像血，不结果实，叫作芑（qǐ），把它的汁液

涂在马身上就可使马驯服。泚水从这座山发源，然后向东北流入大海。水中有许多美丽的贝，还有很多茈鱼，其形状像一般的鲫鱼，却长着一个脑袋十个身子，气味与麋芜草相似，人吃了就不放屁。《山海经》中还记载了与茈鱼有相同特征的神兽，北山一经中的何罗鱼与茈鱼外观上很难区分。但根据《山海经》原文记载：吃了何罗鱼可以治愈皮肤炎症。所以何罗鱼与茈鱼区别就在其功效，茈鱼治胃胀，何罗鱼治皮肤炎症。吃茈鱼的肉不会放屁，其实说的是有利于消化胃胀。根据营养学研究，鱼肉含高蛋白质和叶酸，并且含有多种维生素，有滋补健胃作用。如果说茈鱼有治胃胀的“专项门诊”的话，那茈鱼肉应该是含有比其他鱼肉更高的叶酸和蛋白质。

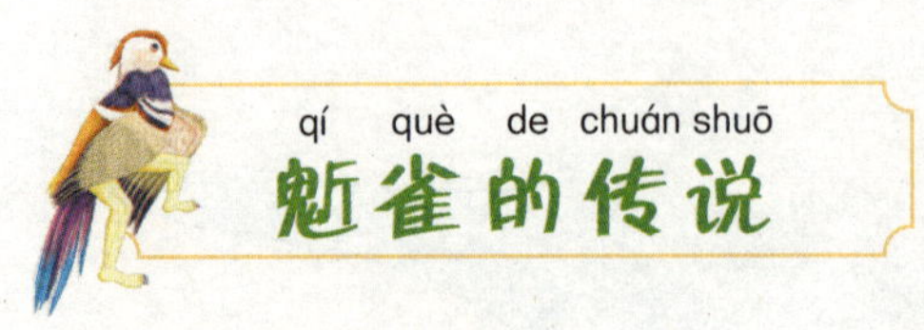

qí què de chuán shuō
鬿雀的传说

东方第四列山系之首座山叫作北号山。山中有一种禽鸟，形状像普通的鸡，却长着白脑袋、老鼠一样的足和老虎一样的爪子，名叫鬿雀，是会吃人的鸟。由于这种鸟是食人怪鸟，经常遭到人类捕杀，所以几乎灭绝了，剩下的也藏进了深山老林，不敢露面。但是到了饥馑之年，它们还会偷偷出来吃人。

公元十七世纪，中国发生了一场特大旱灾。其持续时间之长、受灾范围之大，非常罕见，有二十多个省遭受严重旱灾。灾情最先出现在华北和西北地区，接着向南扩大到苏豫皖等省。各地禾苗尽枯，庄稼绝收，瘟疫肆虐，蝗虫猖獗。山西汾水、漳河均枯竭，河北白洋淀都干涸了。

这种情况正是鬿雀所喜欢的，于是幸存的鬿雀都一窝蜂地跑出来吃人。没想到的是，人们都饿红了眼，见什么吃什么，鬿雀不但没有吃到人，反而几乎被人类吃光了。据说，它们的肉味道鲜美，但骨头有剧毒，人吃了会中毒而死。

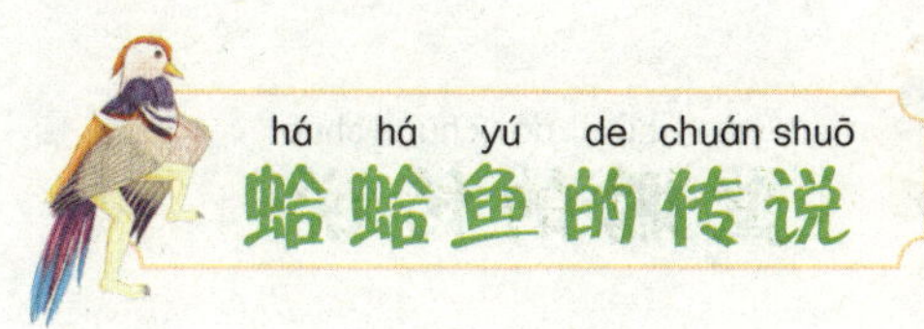

蛤蛤鱼的传说

孟子山再往南行五百里水路，经过流沙五百里，有一座山，叫作跂踵（qǐ zhǒng）山。跂踵山是一座很奇怪的山，按说这里气候湿润，水分充足，但整座山方圆二百里寸草不生，只有一种大蛇在这里栖息。据说跂踵山之所以如此荒凉是因为一种叫跂踵的灾鸟造成的。曾经有大群的跂踵鸟在这里长久停留，肆意破坏草木，虽然最终被青耕鸟赶走了，但跂踵山已经被糟蹋得不像样，再也无法恢复原样了。

山下的水潭里还生长着一种鱼，形状像一般的鲤鱼，却有六只脚和鸟一样的尾巴，名叫蛤蛤鱼，发出的叫声像是叫它自己的名字。蛤蛤鱼其实就像现在的绿鳍鱼，也叫作绿翅鱼。这种鱼类长着鲜艳的蓝绿色的背、雪白的肚皮、红褐色的腰身，美丽多姿，尤其是其腮部下方有一对色彩斑斓、闪着绿色荧光的大“翅膀”，令人惊艳，因此被人叫作“绿翅鱼”。其头部及背侧面还有蓝褐色的网状斑纹，胸鳍前腹是灰蓝色，背面青黑色，有粉绿色斑点。绿翅鱼的“翅膀”下生有六个独立的鳍，仿佛芭蕾舞演员的脚一般纤细婀娜，依靠它们，绿翅鱼可以在海底优雅地漫步，也可以在水中潇洒地畅游，当它冲出水面、展开双翅，就可以在空中滑翔了。

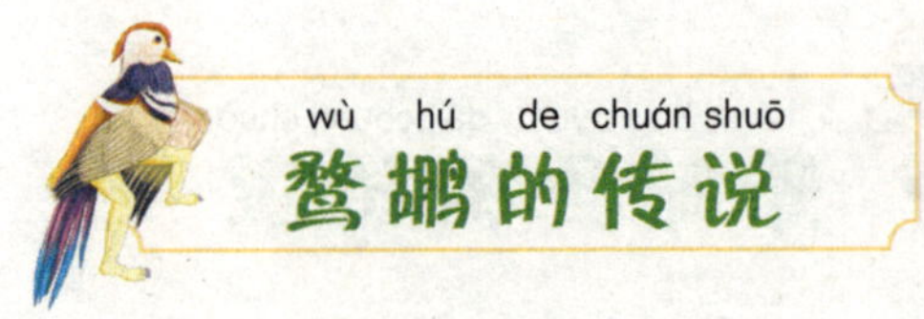

鵹鹕的传说

wù hú de chuán shuō

耿山再往南走三百里就来到了卢其山。这里不生长花草树木，到处是沙子石头。沙水从这座山发源，向南流入涔（cén）水，水中有很多鵹鹕，形状像一般的鸳鸯，却长着人一样的脚，叫声像是叫它自己的名字。相传它在哪个国家出现，哪个国家就会有水土工程的劳役。

在《山海经》中，柜山的狸力和鵹鹕一样，也喜欢掘土。它们虽然是不同的物种，但长相有点相似，脾气、秉性和兴趣爱好都很合拍。每当改朝换代的时候，国家常因战乱而化成一片废墟，这时就会需要重新建造宫殿，而此时鵹鹕就会和狸力一起大量出现，老百姓因此将它们称为"灾星"和"难星"。

在古代，民众对大兴土木的事情是极为反感的。比如秦始皇就喜欢大兴土木，他很喜欢六国华丽的宫殿，就在咸阳照样仿造。后来，他还修建阿房宫、骊山墓、长城、驰道等工程。常年的徭役征发致使每年服役的人达3万多，男子征发不足时，有时还要征发女子。他的这种做法使民怨沸腾，最终也将秦朝慢慢地推向了灭亡的深渊。据传在秦始皇时期人们经常能看到鵕鸟，于是，人们就认为是这些禽兽给他们带来了灾难，只要一见到便不停地驱赶甚至捕杀。就这样，鵕鸟渐渐灭绝了。

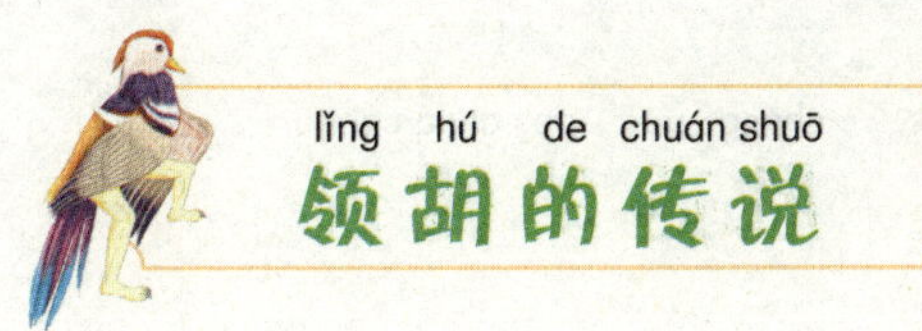

lǐng hú de chuán shuō 领胡的传说

天池山向东三百里，就来到了阳山，山上出产很多玉，山下出产很多黄金和铜。阳山上还有一种野兽，形貌像牛，长着红色的尾巴，脖子上长有高高凸起的肉瘤，形状像斗，其名叫领胡。它发出的吼叫声就像是在呼唤自己的名字。人吃了它的肉可以治愈癫狂病。其实，领胡应该是古代野牛的一种，根据《山海经》对它的描述，有些类似印度的瘤牛。瘤牛耐热、耐旱，体形较高，头面狭长，额宽而突出，颈垂特别发达，蹄质坚实。其汗腺多，腺体大，对焦虫病有较强的抵抗力。它的皮肤分泌物有异味，能防壁虱和蚊虻。瘤牛因为肩膀上有一个肌肉组织高高隆起，就像瘤子一样，因此得名“瘤牛”。

瘤牛在印度生活得很幸福。印度教把瘤牛称为婆罗门牛，非常崇拜，尤其视母牛为圣灵，所以瘤牛在印度具有神圣不可侵犯的地位。印度的瘤牛，可以按照自己的方式活着：不用干活，走路走累了，就地卧倒睡上一觉，绝对没有人惊扰它的美梦；饿了，随便走到任何人家，或是蔬菜市场，马上就会有人将食物奉上，甚至还有人每天定时给它们送餐。当然，只有这种牛的地位比较高，黄牛和水牛并没有这样的待遇。

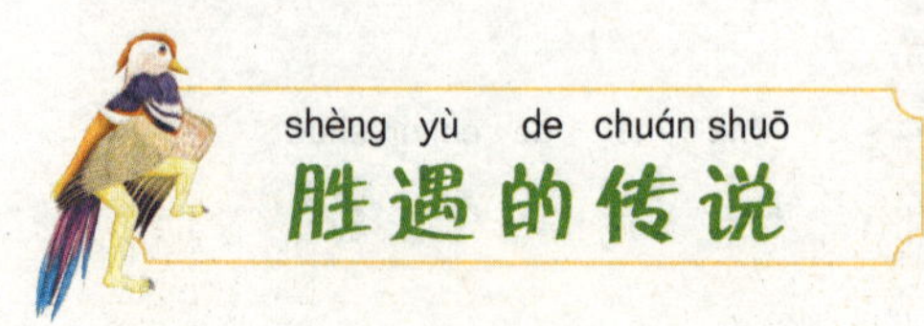

shèng yù de chuán shuō

胜遇的传说

玉山是西王母居住的地方。这里的鸟兽即使长得不起眼也是吉兽。有一种鸟，形状像野鸡，却通体红色，名叫胜遇，它们依靠吃鱼为生，发出的声音如同鹿在鸣叫，这种鸟出现在哪里，哪里就会发生水灾。

有一个传说，胜遇这种鸟是舜的化身。舜的童年时期过得异常悲苦，母亲早亡，父亲瞽叟是个老糊涂，受到舜的后母挑唆，把舜视为眼中钉。但即便是这样，舜也是一个极其孝顺的孩子。舜长大以后，成了一个德才兼备的人。尧寻访贤人的时候，各大族长都推举舜。尧经过考察，认可了舜，就把自己的两个女儿娥皇和女英嫁给他。

舜的弟弟叫象，非常嫉妒舜，并且对舜两个貌美的妻子垂涎万分。按照当时的习俗，一个人死后，他的兄弟可以继承他的妻子，于是象想了一个狠毒的主意。一天，他让舜帮忙修筑谷仓，舜毫不犹豫地答应了。等舜爬到仓顶时，象立即抽掉梯子，并放起火来。舜急中生智，双手持两个大斗笠纵身而下，瞬间他变成了一只大鸟，鸣叫着，直朝天空飞去。这只大鸟正是胜遇。

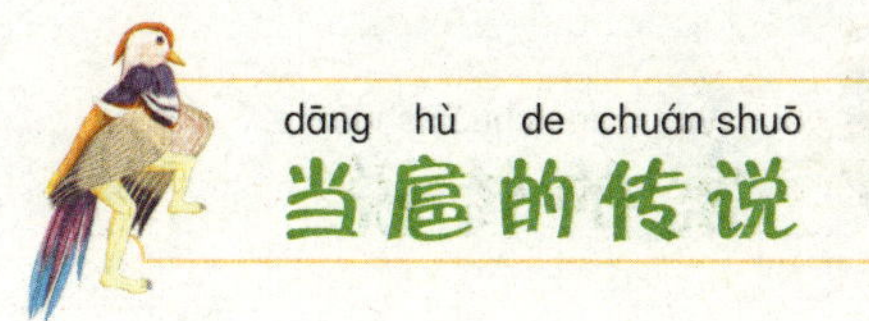

dāng hù de chuán shuō
当扈的传说

鸟山再往北二十里就来到了上申山。上申山上没有花草树木，到处是大石头，山下是茂密的榛树和楛楛（hù）树，野兽以白鹿居多。山里最多的禽鸟是当扈鸟，外形像普通的野鸡，却用髯毛当翅膀来飞。

当扈是一种怪鸟，样子像雉，人们吃了它的肉，眼睛就不会昏花。一般的鸟鼓翼高飞，而当扈却扬起咽喉下的须毛来飞翔。曾有人推测，当扈就是鸨鸟。有一个传说：古时有一种鸟，它们成群生活在一起，每群的数量总是七十只，形成一个小家族，管它叫什么呢？人们把它的集群个数联系在一起，在鸟字左边加上一个“七十”，就构成了“鸨”。在上古时期，鸨是一种野鸟，那时候人的观念中，鸨这种野鸟，只有雌鸟，没有雄鸟，它们要繁衍后代，可以与其他任何品种的鸟类交配。

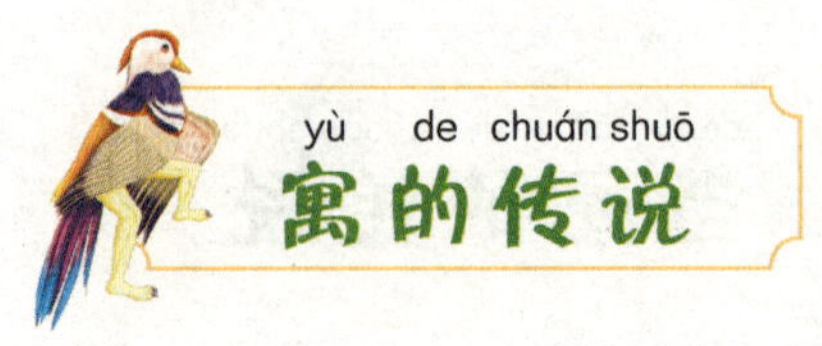

yù de chuán shuō 寓的传说

涿光山再往北走三百八十里就到了虢山。虢山上是茂密的漆树，山下是茂密的梧桐树和椐树，山南盛产玉石，山北盛产铁。山上的野兽大多是骆驼，鸟大多是寓鸟。寓鸟的样子像老鼠，还长着鸟翼，叫声像羊，据说养它可以防御兵祸。这种鸟长得奇形怪状，看起来并不像是鸟类，很有可能是一种鼯猴。

鼯猴的体侧自颈部到尾部都具有大而薄的滑翔膜，看上去像是鼠，但面部却长得像猴子，因此被叫作鼯猴，是在鼯和蝙蝠之间的一种过渡生物。鼯猴从脖子直到尾端长有一层皮膜，连着它的前臂、前趾以及后腿和后趾。当四肢完全伸开时，看上去像一只风筝。它不会飞行，但是可以滑翔。

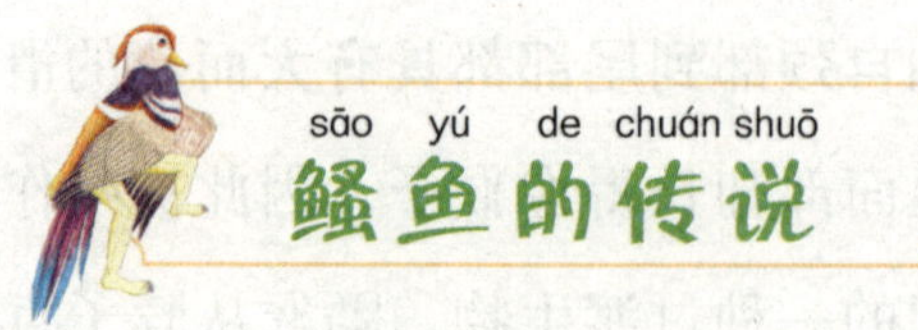

sāo yú de chuán shuō
鳋鱼的传说

邽山再往西走二百二十里就到了鸟鼠同穴山。这个山名很有意思，其实鸟鼠同穴这种现象，在树木稀疏的西北荒漠以及青藏高原并不少见。比如生活在青藏高原的褐背地鸦就常和老鼠或兔子等啮齿类动物同穴而居，常常是老鼠或兔子为地鸦打洞筑巢，地鸦为老鼠或兔子站岗放哨，有时地鸦还站在老鼠或兔子的背上啄食它们身上的寄生虫。

鸟鼠同穴山上有很多白色老虎以及洁白的玉石。渭水从这座山发源，然后向东流入黄河，水中生长着许多鳋鱼，形状像普通的鳣（zhān）鱼，它在哪个地方出没，哪里就会有大战发生。

至于这种鱼为何会导致战争的发生，是一件极为费解的事情。可能是因为这种鱼的味道太过鲜美，所以古人为了抢到它，而发动战争。最大的可能就是因为淮河自古即战乱之地，所以人们就将这种现象与当地出现的鳋鱼联系在一起。

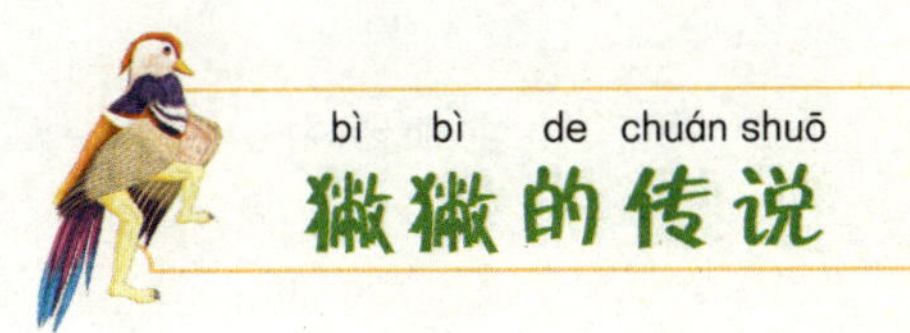

bì bì de chuán shuō
獙獙的传说

缑（gōu）氏山再往南三百里就是姑逢山。姑逢山没有花草树木，却有丰富的金属矿物和玉石。山中有一种野兽，名叫獙獙。其形貌像一般的狐狸却有翅膀，发出的声音如同大雁鸣叫。据说它一出现，天下就会发生旱灾。

獙獙的外形像是一种长翅膀的狐狸，很有可能就是传说中的狐蝠。狐蝠是世界上最大的一类蝙蝠，体形较一般蝙蝠大很多，两翼展开长一米以上。这种蝙蝠的头型跟狐狸非常相似，口吻长且伸出，并且有跟狐狸类似的棕红色皮毛，因此被叫作狐蝠。

狐蝠科成员以大眼睛、短尾或无尾、耳朵结构简单、口鼻部较长为特征。一般体形较大，尾巴很短或没有尾巴，有尖尖的爪子，爪间呈一定程度的游离状；耳壳呈卵圆形，眼发达，视觉良好；头骨吻部较长，腭部后缘超出臼齿，臼齿齿冠平坦，中央具横沟，适于软质食物；舌很发达，食花粉、花蜜的时候尤其突出，可伸出口外很远。

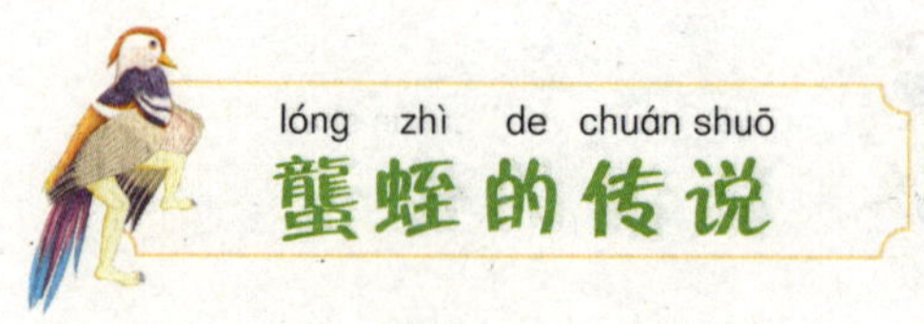

lóng zhì de chuán shuō 蠪蛭的传说

姑逢山再往南五百里就到了凫丽山。凫丽山非常富饶，山上有丰富的金属矿物和玉石，山下盛产矿石。但在这里开采矿石的人要冒着很大的风险，因为山中有一种吃人的异兽，名叫蠪蛭。蠪蛭形貌像一般的狐狸，却有九条尾巴、九个脑袋以及像老虎一样的爪子，发出的声音如同婴儿啼哭，一有机会就会吃人。

蠪蛭与青丘山的九尾狐很像，它们都长得像狐狸，都长了九条尾巴，叫声都像是婴儿啼哭，也都是吃人的怪兽。但不同的是，青丘山的九尾狐只长了九条尾巴，而凫丽山的蠪蛭不但有九条尾巴，还有九个脑袋，爪子却像老虎的一样。青丘山的九尾狐有药用价值，它的肉具有非常重要的解毒功能和预防功能，吃了它的肉，就不会再中妖邪毒气。但凫丽山的蠪蛭并没有这样的功能。青丘山的九尾狐亦正亦邪，如果遇到了好年景，九尾狐就不吃人，而是预示祥瑞；如果遭遇了灾年乱世，九尾狐就成了吃人的怪兽。而凫丽山的蠪蛭却常年吃人，无论年景如何。由此看来，青丘山的九尾狐是能够控制自己欲望的较有理智的神兽，但是凫丽山的蠪蛭则是纯粹的恶兽。

也有人说九尾狐与蠪蛭之间原本是有些亲缘关系的，即它们源自同一物种，但不知是九尾狐改邪归正了，还是蠪蛭误入歧途了，总之是走了不一样的道路，渐渐变成了两个不同的物种。

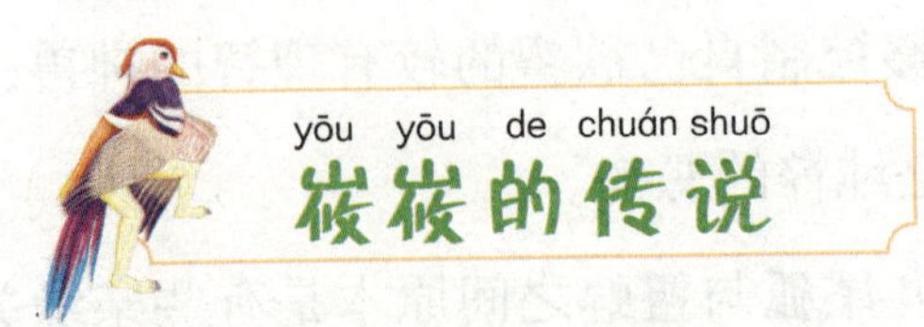

yōu yōu de chuán shuō
䍺䍺的传说

凫丽山再往南五百里，就来到了堙（yīn）山。山中有一种野兽，名字叫䍺䍺。它的形貌像普通的马，有四只角，却长着羊一样的眼睛、牛一样的尾巴，发出的声音如同狗叫。据说这种异兽在哪个国家出现，哪个国家就会出现很多奸猾的政客。

生活在堙山的这种祓祓跟传说中的“四不像”原本属于同一物种。我们知道“四不像”是麋鹿的别称，由于其角像鹿，脸像马，蹄像牛，尾巴像驴，却又非鹿非马非牛非驴，故称其为“四不像”。而祓祓则是马身、羊目、四角、牛尾，与麋鹿的形象类似。

麋鹿是一种吉祥兽，群体生活很和谐，善于发挥集体的力量。历代封建皇帝都把麋鹿看成自己身份的象征，权力的象征。每年皇帝带领着皇子、大臣出朝，去皇家猎苑狩猎，都喜欢围猎麋鹿以展示自己的力量和神武。

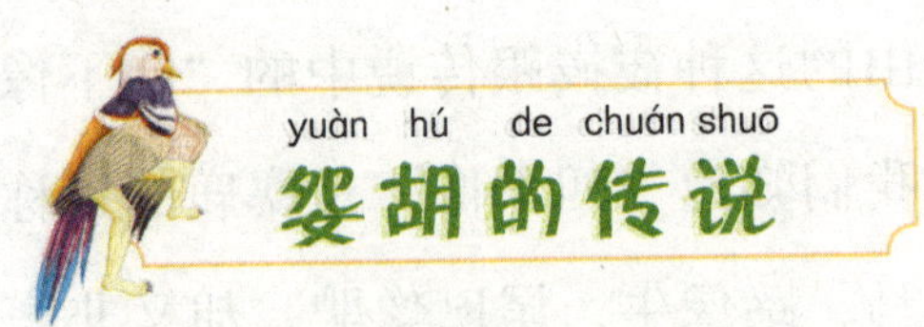

yuàn hú de chuán shuō
妴胡的传说

东方第三列山系之首座山叫作尸胡山。尸胡山上有丰富的金属矿物和玉石，山下有茂密的酸枣树。山中有一种野兽，形貌像麋鹿却长着鱼一样的眼睛，名称是妴胡，它发出的叫声像是叫自己的名字。

根据清朝人郝懿（yì）行记述，他在清朝嘉庆五年（1800年）册封琉球回国，途中在马齿山停泊，当地人向他进献了两头鹿，毛色浅而眼睛很小，像鱼眼。当地人说这是海鱼所化，但他认为这就是妴胡。

这种传说中的动物妴胡应该就是河麂（jǐ）。河麂就是俗称的獐（zhāng）子，比麝（shè）略大，大约一米高，是一种小型鹿，雌雄均不具角。毛粗而长，体侧及腰部的毛长达四厘米，呈波状弯曲。体背及体侧颜色一致，为棕黄色。耳背棕色，耳内侧灰白色，下颏和喉上部白色。腹部中央和鼠蹊部淡黄。河麂四肢棕黄，粗壮发达，肩高略低于臀高，尾甚短，几乎被臀部的毛所遮盖。

河麂生活于山地灌丛、草坡中，不上高山，栖息于河岸、湖边、湖中心草滩、海滩芦苇等茅草丛生的环境，也生活在低丘和海岛林缘草灌丛处。它善游泳，能在岛屿与岛屿或岛屿与沙滩间迁移。《本草纲目》曾提到它“秋冬居深山、春夏居泽”。河麂生性胆小，两耳直立，感觉灵敏，善于隐藏，也善游泳，人难以近身，受惊扰时狂奔如兔。河麂喜食植物，主食杂草嫩叶和多汁而鲜嫩的树根。

shí wū de chuán shuō
十巫的传说

十巫，中国古代传说中的十名巫师，善医药及占卜，出自《山海经》，分别为巫咸、巫即、巫朌、巫彭、巫姑、巫真、巫礼、巫抵、巫谢、巫罗。现广泛出现于各类古风文学作品及古风游戏中。

灵山“十巫”包含了“开明东”的“六巫”中除巫阳

之外的“五巫”。他们皆是能上天下地通鬼神的巫师，又多兼神医，其中巫朌、巫真、巫谢即后起的巫臷(巫诞)部族和巴子五姓的先祖。《山海经·大荒南经》记载了巫臷国的情形：“有臷民之国，帝舜生无淫，降臷处，是谓巫臷民。巫臷民朌姓，食谷。”帝舜派他的儿子无淫来治理巫臷国，表明中原文化向巫巴地区的最早渗透。

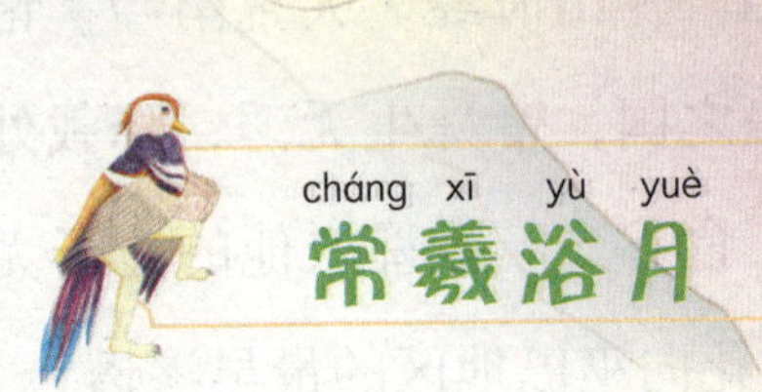

chánɡ xī yù yuè
常羲浴月

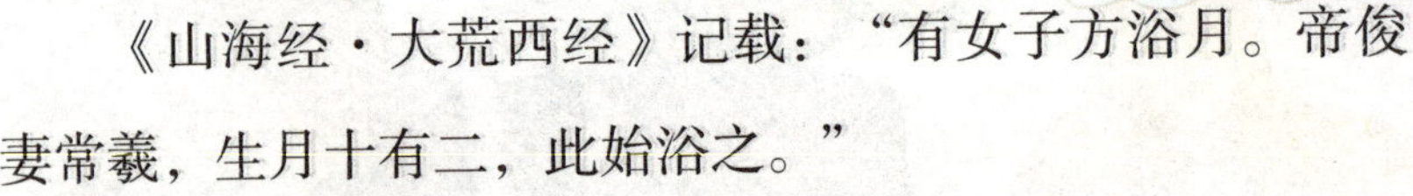

《山海经·大荒西经》记载：“有女子方浴月。帝俊妻常羲，生月十有二，此始浴之。”

传说当年常羲经过十二月怀胎，竟然一次生下了十二个姑娘。她们个个都长得一模一样，都有一张饱满圆润而又洁净明亮的脸庞。这一张张羞答答的脸庞每到夜晚，就会放射出格外明亮清澈的银色光辉，把漆黑的大地照射得如同白昼。有一次，她们姐妹十二人一起偷偷来到人间游戏玩耍，当时就被人间的美景迷住了，大地上广袤的草原、茂密的森林、奔涌的江河、蔚蓝的大海、巍峨的高山，以及遍地盛开的芬芳馥郁的鲜花和在林间呢喃自语的鸟儿，在天上也不曾看见如此美丽迷人的画卷。就在她们玩得高兴的时候，太阳结束了一天的工作，落下了西山，不知不觉中黑暗笼罩了大地。这时，她们才惊愕地发现，夜晚的

大地是多么恐怖，那一幅幅美丽的画卷不见了，人们不得不在黑暗中生活。于是，姐妹们都不约而同地想到自己那饱满光洁、可以放出光辉的脸庞。她们一致决定要像自己的哥哥一样轮流登上天空，在夜间接替太阳的工作，同样把光辉洒向人间，驱走夜晚给大地带来的黑暗。

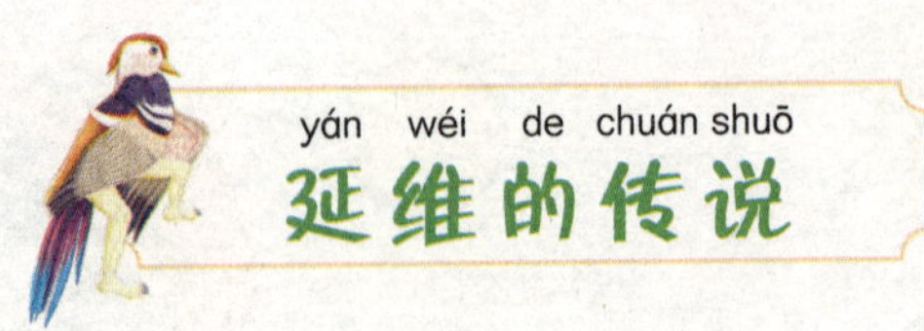

yán wéi de chuán shuō
延维的传说

延维又称委蛇，是古代汉族神话传说中的妖怪，它的形貌怪异，却是有野心者期待看到的鬼怪。延维人首蛇身，而且有两个头。它的身子是紫色的，头是红色的，长度差不多和车辕相当，它特别讨厌雷声，每次打雷的时候都会呆立不动。

传说齐桓公在大泽狩猎时，看到了延维，当时齐桓公不知那是什么东西，就对旁边的管仲说："我看见鬼了，仲父你看见了吗？"管仲却说："臣下什么也没看见啊。"齐

桓公心存疑虑，回去之后便生病了，数日没有上朝。齐国的皇子告敖知道这件事后就去觐见齐桓公，说道：“这是您自己的心病，恶鬼怎么能伤害到您呢？”齐桓公就问：“难道没有鬼吗？我确实看见了啊。”皇子说：“确实也有鬼，

山上有夔，原野中有彷徨，水泽中有委蛇。您在水泽狩猎，看到的自然是委蛇。”齐桓公就问：“委蛇是什么形状的？”皇子说：“委蛇大小和车毂相当，长短和车辕相近，穿紫色衣服带红色冠冕。它不喜欢听雷声车响，往往支撑着脑袋站立着。谁看见它谁就能称霸天下，所以它不是一般人所能见到的。”听到这里，齐桓公精神振奋，大笑起来，说：“这就是我所看到的啊！”于是端正衣冠坐着和皇子聊了起来。当天之内，他身上的病就消失得无影无踪了。后来齐桓公果然称霸，成为春秋五霸之首。

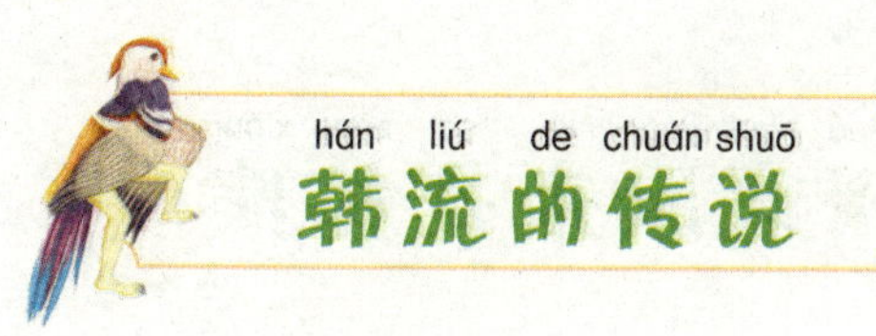

hán liú de chuán shuō
韩流的传说

韩流在黄帝时期是一个部落，是专门以养猪、猎猪为生的。而韩流在一开始其实是一个人。据《山海经·海内经》记载，在流沙的东边，黑水的西边，有两个国家，一个叫朝云，一个叫司彘。黄帝的妻子生下了昌意，昌意从天上降生到若水这个地方，并与一个名叫阿女的女子结合，生下了韩流。

韩流的长相是十分怪异的，既不像人，又不像动物。若是放到现在的话，那可能会被当成一个怪物进行研究了。《山海经》中对韩流的记载是比较少的，仅短短几句话便交代清楚了韩流的来龙去脉以及外貌长相。根据书中描述，韩流的脑袋很长，还长着和猪一样的嘴巴，身上长满了鳞片，罗圈腿。这样的外形看起来的确会使人吓一跳。根据《山海经》中所记载，后来韩流渐渐发展成为一个部落。

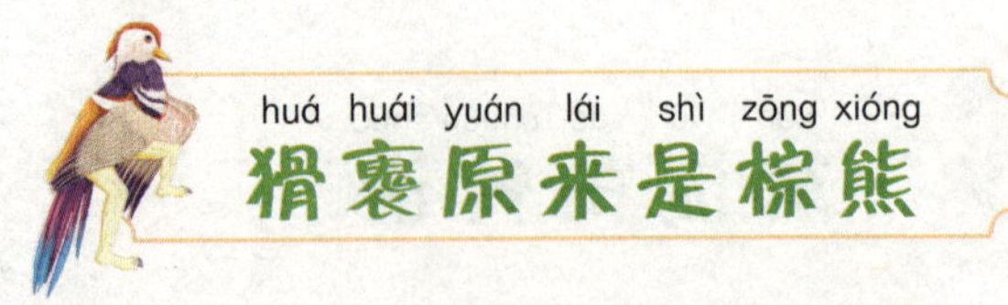

huá huái yuán lái shì zōng xióng
猾褢原来是棕熊

从柜山出来向东南走四百五十里就是长又山，再往东行三百四十里，就到了尧光山。这座山里的怪兽名叫猾褢，它身形似人，但全身上下长满了猪鬃。这怪物平日待在洞穴里，冬天还要冬眠，叫起来的声音像是砍木头的声音，如果世间太平，天下有道，它便销声匿迹。一旦它出现，那就意味着这个地方将要有大事发生，这里的人都将要被派去服徭役。

读到这里，大家是不是觉得，这神兽有点像熊呢？实际上它叫棕熊，即喜马拉雅棕熊。喜马拉雅棕熊是棕熊的一个亚种，属于小型棕熊，与东北棕熊的体形大小相仿。与同种棕熊的明显区别是长有两只圆圆的毛茸茸的大耳朵。它们的皮毛颜色通常微红，英文名称也叫红熊。喜马拉雅山区传说的“野人”其实就是棕熊。由于棕熊有许多看似人的行为，当地百姓受到迷惑，误认为是“野人”。

为什么古人把棕熊叫猾褢呢？因为棕熊有强有力的前臂，如同人类衣服的袖子，长有浓密的粗毛。前臂十分有力，在挥击的时候力量强大。爪尖不能像猫科动物那样收回到爪鞘里，这些爪尖相对比较粗钝。“粗钝”的爪子可以造成极大破坏，像刺猬一样能够降伏老虎。

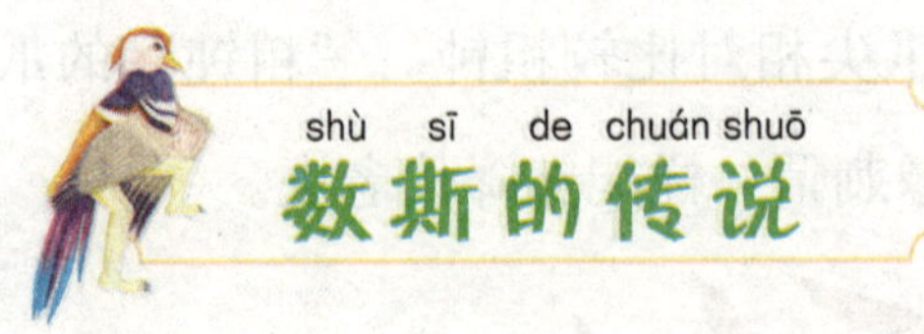

shù sī de chuán shuō
数斯的传说

天帝山往西南三百八十里是皋（gāo）涂山。山中有一种白色石头，名叫礜（yù）石，可以毒死老鼠。山中又有一种草，形状像藁茇（gǎo bá），叶子像葵菜的叶子而背面是红色的，这种草叫无条，也可以毒死老鼠。所以，这座山并非老鼠的安居之地。

皋涂山上还有一种鸟，名叫数斯，样子像鹞鹰，据说吃了它的肉可以治愈癫痫病，还可以治疗大脖子病。根据《山海经》记载，数斯还长着一双与人类相似的脚。人的脚是为了奔跑才进化成这个样子的，数斯的脚长成人脚的样子，应该也是为了奔跑。所以，它应该是一种比较善于奔跑、攀缘的鸟。

在很久很久以前有一个拘缨国，那里的人和其他国家的人长得不一样，拘缨国的人的脖子上都长了一个大肉瘤，就像我们现在所说的大脖子病，平时生活极为不方便，而且因为这个怪病，使得拘缨国无法和其他国家建立稳固的友谊关系，经常被排挤。一次偶然的机会，他们知道了数

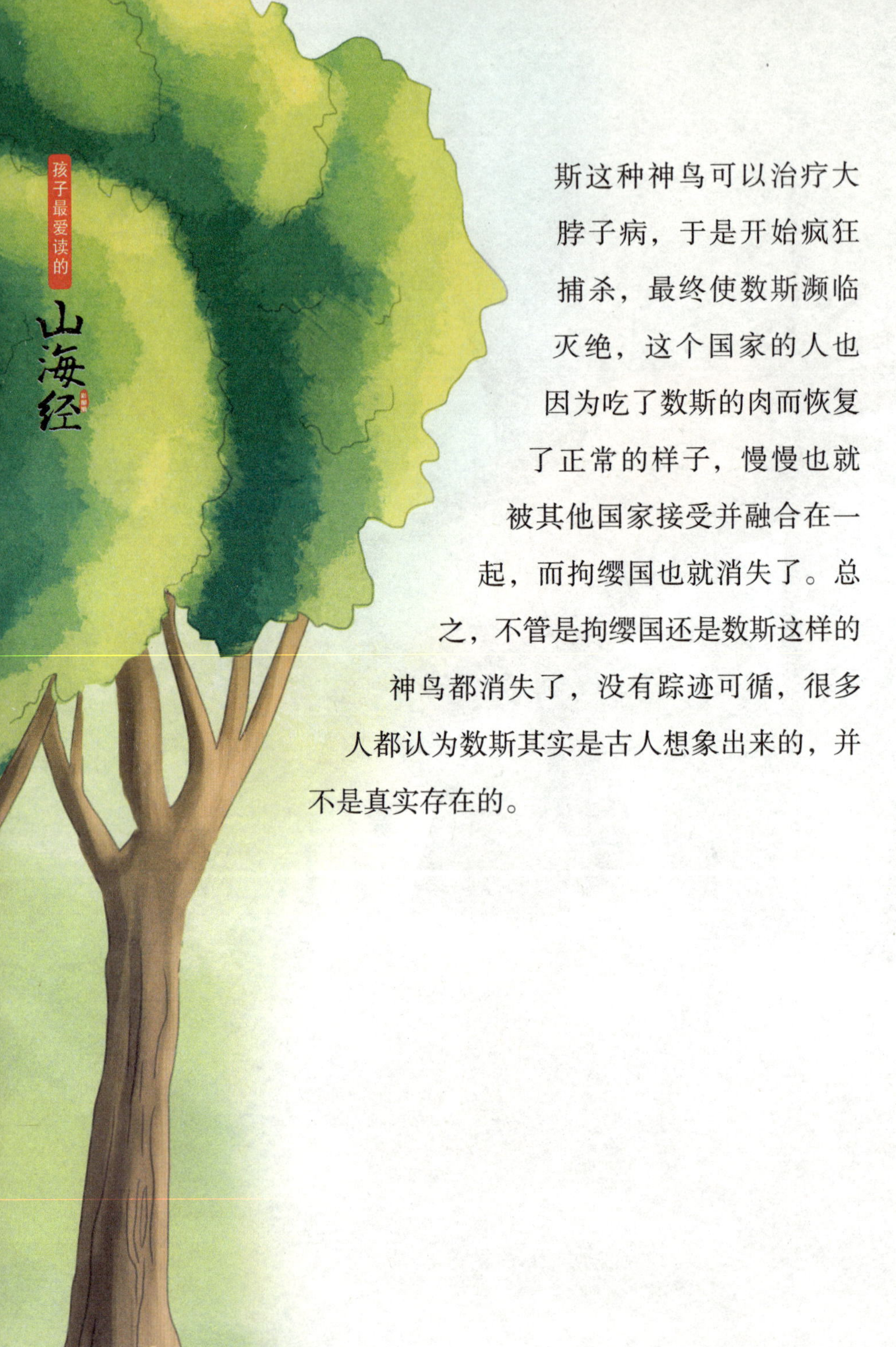

斯这种神鸟可以治疗大脖子病，于是开始疯狂捕杀，最终使数斯濒临灭绝，这个国家的人也因为吃了数斯的肉而恢复了正常的样子，慢慢也就被其他国家接受并融合在一起，而拘缨国也就消失了。总之，不管是拘缨国还是数斯这样的神鸟都消失了，没有踪迹可循，很多人都认为数斯其实是古人想象出来的，并不是真实存在的。

奇树异草

fú sāng shù tāng gǔ zhōng de shén shù
扶桑树——汤谷中的神树

扶桑树是我国神话故事中的一种树，它是由两棵互相缠绕在一起的大桑树组成的。因为太阳是从扶桑树生长的地方缓缓升起的，所以扶桑树也代指太阳。扶桑树生长在遥远的东方大海边，灵气十足。太阳女神羲和就曾为她的儿子金乌在扶桑树这里驾车升起。在《山海经》中，作者创造了一个宏大的神话世界，十只金乌憩息在东海边汤谷的扶桑神树上。每日清晨，一只乌鸦载着太阳从东向西飞去，经过天下中部的建木时，建木的影子就不见了，这时候正好是日中。乌鸦继续西飞，黄昏时分停在昆仑山附近若水边的若木上，白天就结束了。《山海经·海外东经》中载："汤谷上有扶桑，十日所浴，在黑齿北。居水中，有大木，九日居下枝，一日居上枝。"《山海经·大荒东经》也提到："汤谷上有扶木，一日方至，一日方出，皆载于乌。"正如《山海经》中所载，扶桑总是伴着太阳的升起而出现，由此足见扶桑的神圣和尊崇。

ruò mù shù 若木树

《山海经·大荒北经》载："西北海外，黑水之北……大荒之中，有衡石山、九阴山、洞野之山，上有赤树，青叶赤华，名曰若木。"青叶红花，名字叫若木，这是什么树呢？

木棉最早出自陕西，我国西北地区虽然现在气候比较寒冷，但上古时并没有这么冷，也适合作物生长，而符合《山海经》里"若木"特征的唯有木棉。自不周山倒了之后，朔风吹来，地球环境沧桑巨变，木棉树树种随风飘散到我国温暖的南方地区并落脚扎根。

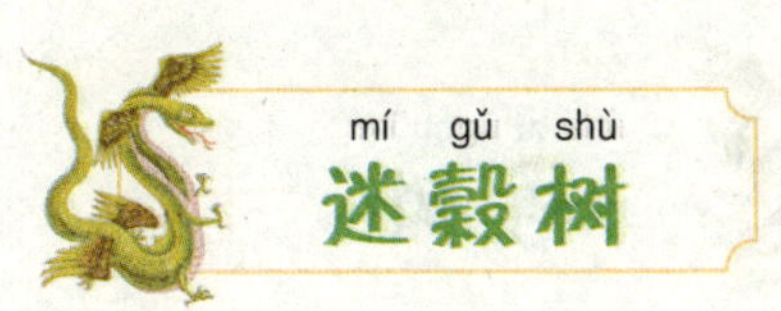

mí gǔ shù
迷榖树

《山海经·南山经》记载："南山经之首曰䧿山。其首曰招摇之山，临于西海之上。多桂多金玉……有木焉，其状如榖而黑理，其华四照。其名曰迷榖，佩之不迷。"

迷榖树，又称迷谷树，实为梧桐树之"白梧"，白梧就是白色的梧桐。其树白皮白质，黑色纹理如构树。它既不是泡桐，也不是法国梧桐，实为中国梧桐。现实中已经绝迹或尚未发现。白梧原生长在青藏高原，西招摇山在青海玉树之地。迷榖树也是《山海经》里的"文玉树"，是凤凰栖息之神树。

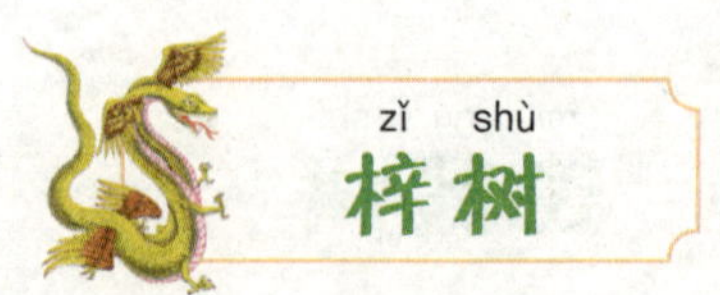

zǐ shù 梓树

梓树，即梓，为紫薇科梓属乔木植物，高达十五米。树冠倒卵形或椭圆形，树皮褐色或黄灰色。喜光，稍耐阴、耐寒，适生于温带地区，在暖热气候下生长不良，深根性。喜肥沃湿润的土壤，不耐干旱和瘠薄，耐轻盐碱土。抗污染性较强。梓树树体端正，冠幅开展，叶大荫浓，春夏黄花满树，秋冬荚果悬挂，是具有一定观赏价值的树种，可作行道树、绿化树种。其嫩叶可食，根皮或树皮、果实、树叶均可入药，亦可做家具或制作乐器。

梓树木材轻软，古代因其速生，常作为薪炭用材，农村都在房前屋后种植，一为遮阴，二可用作燃料，和桑树同为家庭必备树木。所以在古代汉语中常称自己的家乡为“桑梓”。

nán
枏

枏即现代的楠木。楠木是我国特有的珍贵树种，不但经济价值非常高，而且含有华丽、高贵之寓意，传说还是皇家文化的象征，有“皇帝木”之雅号，非一般地方可生长。而在金水环绕的湖南攸县原银坑乡枧头村树山坪就生长着一片楠木树。这片古楠木相传栽种于明朝末年，也有的说是栽种于宋朝时期。最大树干的高度有二十多米，直径有九十厘米。棵棵楠木枝叶茂盛，像一把把巨大的绿伞。大雨倾盆时，人们能在树下躲雨。骄阳似火时，人们可在树下乘凉。而微风拂过时，它们摇摆着枝叶，又好像是一群身材高挑、风姿绰约的少妇向人们招手……老人们常说，这批古楠木很有灵性，懂得人情冷暖，知道世事吉凶。自古以来，民间关于古楠木的传说给这片楠木林披上了一层神秘的面纱。相传，古代某朝因朝廷的腐败和土豪的压榨，南方的农民被迫起义。他们攻城略地，劫富济贫，深得广大农民的拥护。在一次战役中，义军的一支后勤部队押着全军的粮草辎重送往前线，其中相当一部分是白银。在路过树山坪时，这支义军部队得知朝廷的一支军队从后面包抄了过来。义军首领急中生智，命令部下在树山坪附近的江边挖了一个大坑，将白银就地掩埋，并在掩埋的土面上栽了一些楠木树，以作为将来寻找白银的标记，然后迅速撤离。可惜，义军最终失败了，而这批白银也就一直被埋在地下。

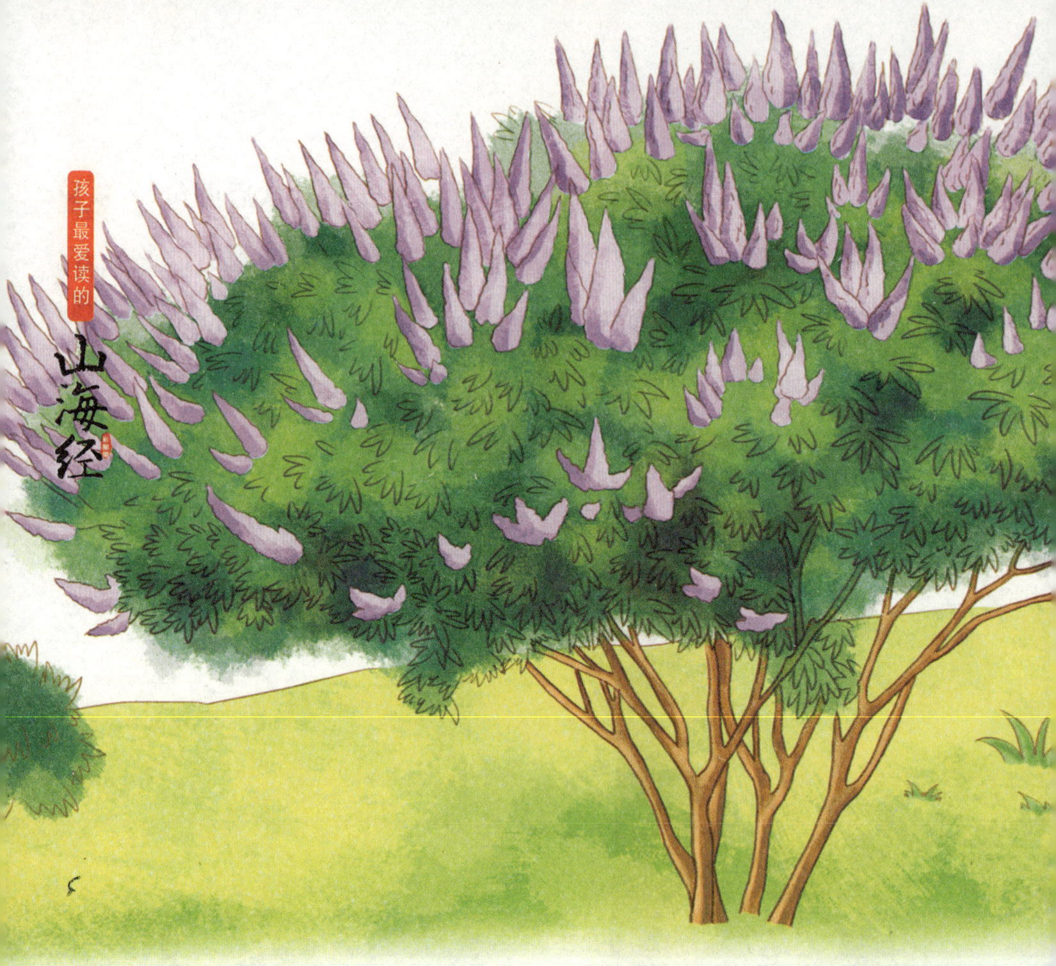

牡荆是一种灌木或小乔木。小枝方形，密生灰白色绒毛。叶对生，掌状，小叶片边缘有锯齿，上面绿色，下面淡绿色，无毛或稍有毛。圆锥状花序顶生；花萼钟形，顶端有五齿裂；

花冠淡紫色，顶端有五裂片。果实球形，又称为“黄荆子”，为黄褐色至棕褐色，可作药材用，也可提取芳香油。

牡荆的新鲜叶可入药，具有祛风解表、除湿杀虫、止痛除菌的功效，对风寒感冒、痧气、腹痛、吐泻、痢疾、风湿痛、脚气、流火、痈肿、足癣等症有治疗作用。

牡荆树姿优美，老树更显苍古奇特，是杂木类树桩盆景的优良树种。牡荆的材质坚硬，还是制作家具、木雕、根艺等的上等用材。

棕树

zōng shù

棕树即棕榈。常绿乔木，高达十五米。无主根，须根密集。干圆柱形，直立，不分枝，干有残存不脱落的老叶柄基部，并被暗棕色的叶鞘纤维包裹。叶大，簇生于树干顶端，掌

状分裂成多数狭长的裂片，裂片坚硬，顶端浅二裂，叶柄极长。棕树雌雄异株，花期五月，淡黄色，肉穗花序，排列成圆锥花序。核果肾形，初为青色，十一至十二月果熟，熟时为黑褐色，多为观赏用。

棕树是风水学中最常见的一种招财树种，据传它能兴旺风水，为人们生财、旺财、聚财，很多人都会在家中种植棕树进行招财，现在人们甚至将棕树培育成了一种在室内养殖的矮小盆景。

棕树也是一种常见的镇宅树种，它有驱邪化煞、防灾化灾等作用，能够庇佑家宅平安，间接地提升家人的运势。它还具有一定的药用价值。

棕树还能够净化空气，吸收有毒有害的气体，提高人体健康指数。因此在家中养棕树对家人的身心健康都有益处，可以起到兴旺寿运、益寿延年的作用。

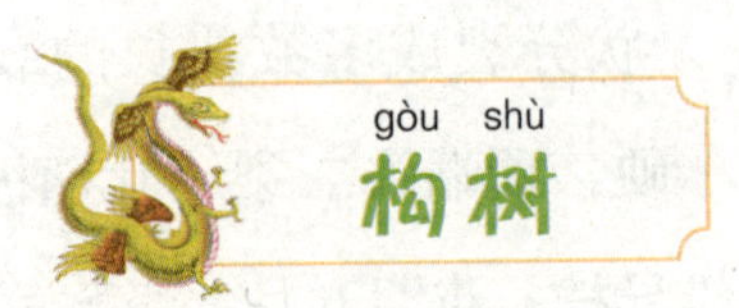

gòu shù
构树

构树是一种落叶乔木，高达十六米；树冠开张，卵形至广卵形；树皮平滑，浅灰色或灰褐色，不易裂，全株含乳汁；单叶互生；果实球形，熟时橙红色或鲜红色；花期

四至五月，果期七至九月。

构树的叶可放在水里煮着吃，构树的花可炒菜、做汤，构树皮也可以吃，构树的叶子可以作为猪饲料。其韧皮纤维还是造纸的原料，用它造出来的纸材质洁白，据说蔡伦造出的第一张纸就是用构树做原料的。构树的根和种子都可以入药。其树液还可以治疗皮肤病。用“全身都是宝”来形容构树是毫不夸张的。

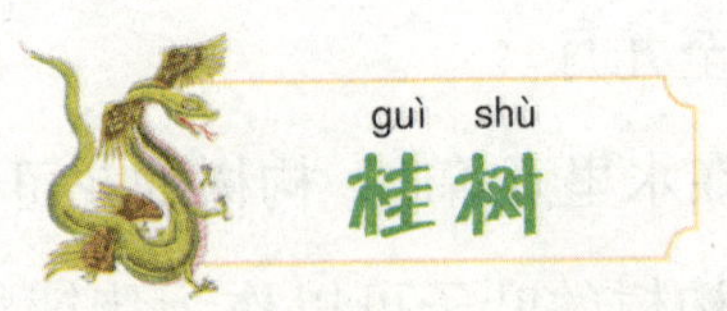

guì shù
桂树

桂树为常绿阔叶乔木，高可达十五米，树冠可覆盖四百平方米，桂花实生苗有明显的主根，根系发达深长。幼根为浅黄褐色，老根为黄褐色。树皮粗糙，为灰褐色或

灰白色，有时显出皮孔。

相传月亮上的广寒宫前的桂树生长繁茂，有五百多丈高，下边有一个人一直在砍伐它，但是每次砍下去之后，被砍的地方又立即合拢了。几千年来，就这样随砍随合，所以这棵桂树一直也没被砍倒。据说这个砍树的人名叫吴刚，是汉朝西河人，曾跟随仙人修道，到了天界。但是他犯了错误，仙人就把他贬谪到月宫，日日做这种徒劳无功的苦差使，以示惩处。

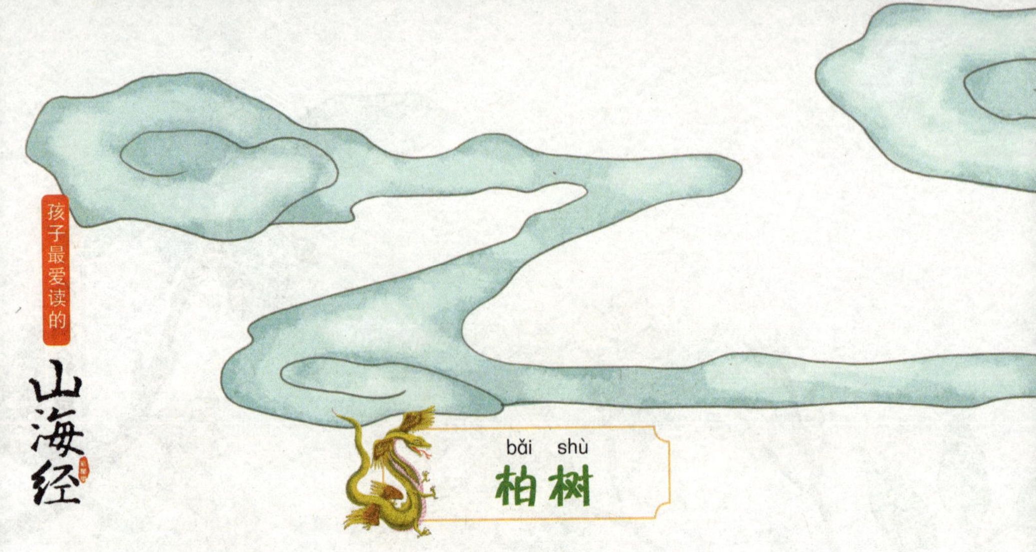

bǎi shù
柏树

柏树是常绿乔木，树高一般可达二十米。树皮红褐色，纵裂；小枝扁平；叶为鳞片状。柏树雌雄同株，球花单生枝顶，球果近卵形，寿命极长。其种子、根、叶和树皮可入药，用种子榨油，可供制皂、食用或药用。

中国人之所以喜欢在墓地种植柏树，是因为一个民间传说。相传古代有一种恶兽名叫魍魉，性喜盗食尸体和肝脏，每到夜间就出来挖掘坟墓，取食尸体。此兽灵活，行动神速，神出鬼没，令人防不胜防，但其畏虎怕柏，所以古人为避这种恶兽常在墓地立石虎、植柏树。

古人之所以认为柏树可以避邪，是出于对柏树的崇拜。上古有“柏王”，而柏王树上有神灵存在。《后汉书》中记载，曹操要修宫殿，便砍伐了一种叫濯龙的树，而这棵树被砍的时候像人一样流了很多血，过了几天，曹操也得病而死。可见神树不能亵渎，否则会遭到恶报。

梧桐

wú tóng

梧桐是落叶乔木，可高达十六米；树皮青绿色，平滑。叶心形，掌状，直径十五至三十厘米。叶柄与叶片等长。圆锥花序顶生，花淡黄绿色；种子圆球形，表面有皱纹。

梧桐在古诗中有象征高洁美好品格之意。如《诗经·大雅·卷阿》中的"凤凰鸣矣，于彼高岗。梧桐生矣，于彼朝阳。"，诗人在这里用凤凰和鸣、歌声飘荡、梧桐越长越高、身披灿烂朝阳来象征品格的高洁美好。再如"垂緌饮清露，流响出疏桐。居高声自远，非是藉秋风。"（虞世南《蝉》），这首托物寓意的小诗以高大挺拔、绿叶疏朗的梧桐作为蝉的栖身之处，写出了蝉的高洁，暗喻自己品格的美好。

由于梧桐高大挺拔，为树木中之佼佼者，所以自古人们就十分看重，人们还常把梧桐和凤凰联系在一起。凤凰是鸟中之王，而凤凰最乐于栖在梧桐之上，可见梧桐是多么的高贵了。

sān sāng shù 三桑树

《山海经·北山经》中记载，洹山中生长着一种名叫三桑的树，这种树的树干笔直，不长枝条，而且非常高。《山海经·海外北经》载：“三桑无枝，在欧丝东，其木长百仞，无枝。知范林方三百里，在三桑东，洲环其下。”“三桑”一词同样出现在《山海经·大荒北经》中，如“丘方圆三百里……竹南有赤泽水。有三桑无枝”等。

我国的桑树种植历史悠久，约在五千年以前，先民就在中原大地上开始栽种桑树。

《山海经》《尚书》《淮南子》等古籍中都有对桑树的描述，众多出土文物上也出现了桑树的形象。

桑树在古人的心中是神圣的，人们常在住宅旁栽种桑树和梓树，于是后世就把“桑梓”作为家乡的代称。如果赞扬某人为家乡造福，往往用“功在桑梓”一词。

青年男女多在桑树林中约会，后用“桑中”“桑间”专指男女约会的地方。古代男孩出生后要用桑木做的弓、蓬梗做的箭射天地四方，象征孩子长大后有四方之志，古人用“桑弧蓬矢”来形容男子的远大志向。

《淮南子》载“日西垂，景在树端，谓之桑榆”，“桑榆”在西方日落处，即太阳落在西边的桑树和榆树间，后用该词喻人的晚年。人们还用“沧海桑田”比喻世事变迁巨大。

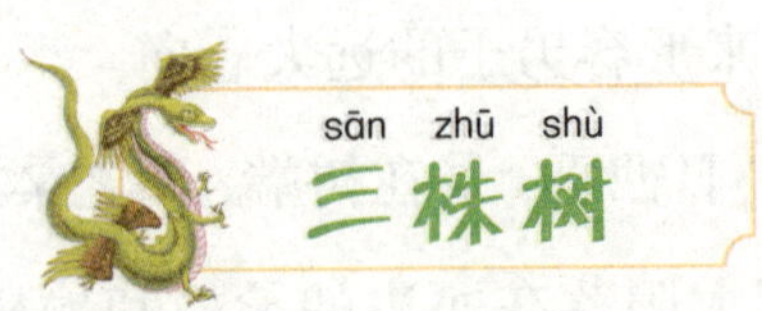

sān zhū shù
三株树

《山海经·海外南经》中载："三株树在厌火北，生赤水上。其为树如柏，叶皆为珠。一曰，其为树若慧。"

三珠树，在厌火国的北边，生长在赤水岸边上。树的样子像是柏树，但树叶全都是珍珠，远远望去整株树好似一颗彗星。传说当年黄帝曾巡游赤水的北边，登昆仑山，而返回时不慎将玄珠丢在这附近，先后派了四个人去寻找，最终也没有找回。这三珠树或许就是当年遗失的玄珠生长出来的。

jiàn mù shù
建木树

《山海经》中记载，建木生长在西南的都广之野，据说都广之野是天地的中心，是被上天优待的一个地方，一年四季都能播种百谷，这里长出来的米、粟、豆、麦都像膏脂，非常好吃。

这里是人间天堂，栖息着凤凰和很多飞禽走兽，而且这里一年四季草木常青。通过这个地方所处的方位和动植物信息推测，应该就是成都平原。

传说盘古开天辟地以后，人和神的世界还是可以互相连通的，连通的地方就在都广之野。黄帝和伏羲就是通过都广之野的建木树上天和下地的，后来蚩尤和炎黄大战，蚩尤战败，又经过几代的更迭，黄帝的孙子少昊当了西方天帝。

蚩尤暴乱过后，黄帝当世间主宰当得太心累了，看到自己的曾孙颛顼非常能干，于是一拍脑门，就把五方天帝的位置传给颛顼了。

颛顼称帝后做事雷厉风行，他一想到天地之间可以互相连通，而且有夸父、蚩尤、刑天之流下界挑动人间叛乱，很是头疼。于是吩咐孙子重和黎把天和地之间的通道切断了。两个大神切断天地通道后，重使劲顶着天往上，黎使劲压着地往下，就这样天和地相距越来越远，人们再也不能在天地之间自由来去了。

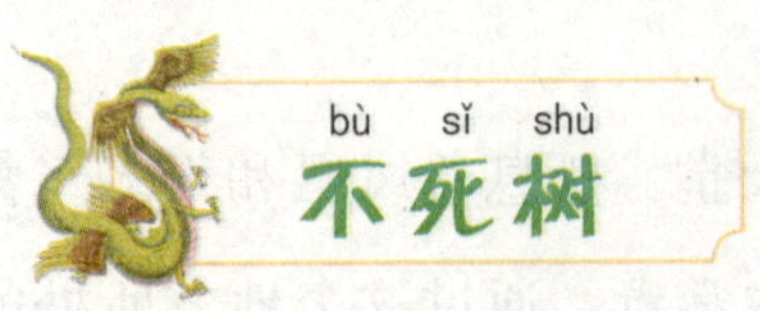

bù sǐ shù 不死树

《山海经·大荒南经》载：“有不死之国，阿姓，甘木是食。”

不死树，顾名思义，就是一种长生不死的树。这不死树和《西游记》中的蟠桃树、人参果树一样有奇异的功效，食之可长生不老。另外，传说《西游记》中的唐僧肉也有这种功效。晋代郭璞对《山海经·大荒南经》作的注解中提到：“甘

木即不死树，食之不老。”《山海经·海外南经》中也提到，昆仑开明北有“不死树”。这个不死树又名龙血树，是天地至宝，人食之可得长生。那这个不死树长在哪里呢，据说长在一处秘境中，其树叶上的乳白色的液体就是传说中的不死原液，只要人还有一口气，喝一口不死原液就能起死回生。

dì xiū shù
帝休树

《山海经》中记载：少室山上郁郁葱葱，各种花草树木丛集而生，相互靠拢在一起，像一个个圆形的谷仓。山林中生长着一种树木，名叫帝休。它枝叶繁茂，叶子的形状与杨树叶相似，树枝相互交叉着向四方伸展，开黄色的花朵，结黑色的果实。帝休亦称“不愁木”，据说服用了它的果实人就会心平气和，可解除忧愁，不恼怒。

《山海经》中的帝休树是一种神树，据说最后一个吃到这种树的人能够长生不老。其实在《山海经》中记载的神树非常多，并且每一种树都拥有超常的能力，这些植物的确非常吸引人，且很多树在其他著作里也曾出现过。由此可见，这些神树在过去很可能是存在过的。

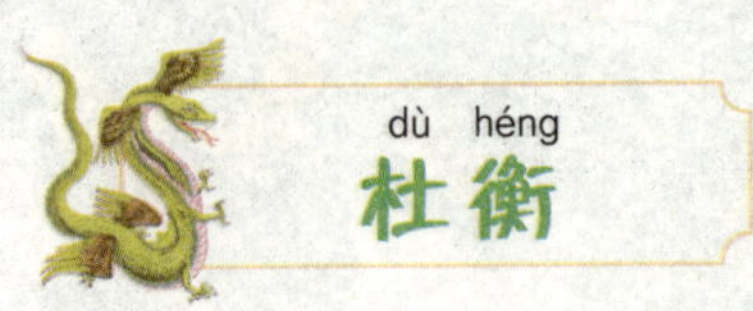

dù héng
杜衡

杜衡在古代有很大的名气，人们认为它是只有在仙山上才会出现的草。无论是被形容为香草还是仙草，杜衡都被视为仙气的象征。杜衡的外貌不算漂亮，等花期过去，还会长出很大的叶子，叶子上有着独有的花纹，十分奇特。杜衡的叶子在刚长出来时花纹杂乱，并且叶子上的斑像是随便泼的墨。

杜衡虽为草，但是也会开花。杜衡的花开得非常低，并且很小，几乎已与地平线持平，加上杜衡的叶片厚

厚地压着花，因此远远看上去并不明显。为了让昆虫传粉，花中间会露出一个小小的口来吸引昆虫或蜜蜂。

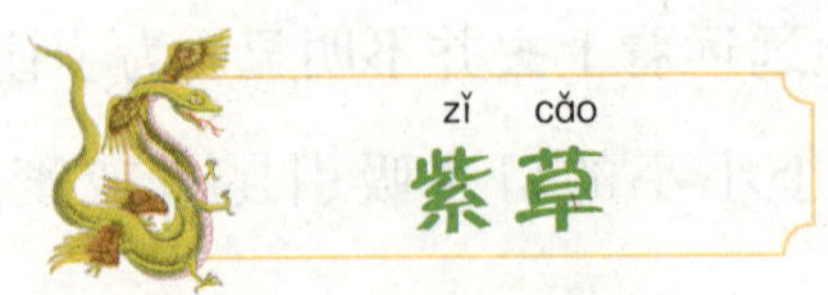

zǐ cǎo
紫草

紫草是紫草科紫草属植物。多年生草本，根富含紫色物质。茎通常一至三条，直立，高四十至九十厘米，有贴伏和开展的短糙伏毛，上部有分枝，枝斜升并常稍弯曲。叶无柄，卵状披针形至宽披针形，长三至八厘米，宽七至十七毫米，前端渐尖，基部渐狭，两面均有短糙伏毛，脉在叶下面凸起，沿脉有较密的糙伏毛。

yún shān guì zhú
云山桂竹

《山海经》中记载，云山是一座石头山，山上草木稀疏。但这里生长着一种桂竹，传说它有四五丈高，茎干合围有二尺粗，叶大节长，形状像甘竹而外表是红色的。这种桂竹毒性特别大，人若是被它的枝叶刺中，必死无疑。

桂竹为禾本科刚竹属植物，分布于黄河流域至长江以南各省区。令人惊奇的是，桂竹还挂满了诱人的果实，馋得人直咽口水。然而千万不要冲动去采摘它们，正像色彩艳丽的蘑菇大多有毒一样，桂竹的果实、枝叶和竹笋都有剧毒。人若是误食了就会中毒，严重的还会死亡。

云山就像传说中的金山一样，遍地是闪闪发光的金子，使人眼花缭乱。山下还有晶莹的美玉，随便捡起一块都是无价之宝。古往今来，不知道有多少人历尽千辛万苦寻找这座宝山，却总是无功而返。原来，云山只有辛勤劳动且不贪心的人才可以找到。

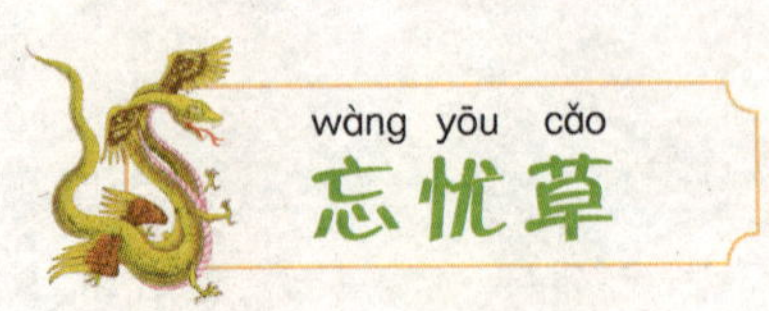

吴林之山向北三十里有座牛首山，山中生长着一种草药——萱草，其叶子像油葵，茎秆红色，看起来像禾苗一样挺拔秀丽，吃了这种神草之后，就可以忘掉一切忧愁和烦恼。

古代有位妇人因丈夫远征，遂在家居北堂栽种萱草，借以解愁忘忧，从此世人称之为“忘忧草”。

妇人到底能不能忘忧，别人难以得知。但她对萱草的确非常偏爱。在百合科的同宗姐妹中，萱草并非名门望族，不过是位“小家碧玉”。观其外表，叶片细长，花为筒状，每朵六瓣，向外展张，花色桔红，一般每莛生数朵，从夏到秋，开个不停，可惜晨开暮闭，匆匆谢去。花卉鉴赏家认为，萱草翠叶萋萋，着花秀丽，焕发出一种外柔内刚、端庄雅致的风采，让人赏心悦目。难怪古人把它比喻为慈母的笑容。其实，从科学的角度来看，一株小花本身并不会具有解忧的功能，只不过在观赏之际可助人转移情感，稍解一时之闷，略忘片刻之忧而已。在二十世纪五十年代，据说敬爱的董必武同志在外地出差时曾寄给夫人何连芝四句诗——“贻我含笑花，报以忘忧草。莫忧儿女事，常笑偕吾老。”以此来劝慰她勿再为家事多忧。综观常食人间烟火的凡人，能够完全无忧者恐怕为数不多。何况天地间还有不少仁人志士在为国家的命运而忧，为民间的疾苦而虑。可见该忧的还得要忧，该忘的就把它忘了吧！

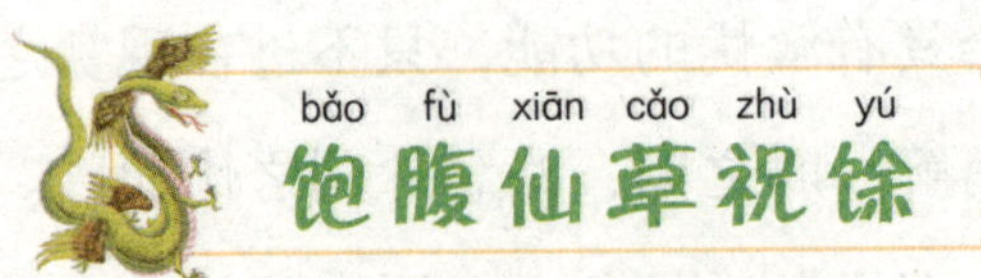

bǎo fù xiān cǎo zhù yú
饱腹仙草祝馀

西海岸边的招摇山上有一种仙草，名叫祝馀，形状像韭菜，花青色，吃了这种草之后，人就不会感到饿，从此不用再吃东西。

关于祝馀这个称呼的来历有一个传说，说的是当年大禹治水效果不错，在大禹的家乡，也就是今天河南禹县这个地方，种田的人们都喜获丰收，粮食多得吃不完，大禹就建议人们把这些余粮撒到江河山谷之中，以示庆祝。

结果第二年，这些地方齐刷刷地长出来一种植物，叶子窄窄的，细长形，形状如同韭菜。当地人为了纪念治水英雄大禹，就把它称为“禹韭”“禹葭”，又因为它具有滋阴生津、清肺止咳的功效，所以又称其为“不死药”。后世以“庆祝粮食丰收，有余粮”之意改称其为“祝馀”。

祝馀到底是一种什么神药呢？历代学者通过考察，认为其应该就是现在的麦冬。《本草纲目》中记载，麦冬属于麦冬门，长久服食可以身轻体健，不老不饥。这就有点神奇了，试想如果作者没有夸张的话，食用祝馀不但可以帮助减肥，而且可以减缓容颜的衰老。古代很多修仙辟谷的药方中都少不了麦冬。比如《本草纲目·草部·麦冬》中载：“此草根须似麦而有须，叶子如韭菜，凌冬不凋，故谓之麦冬。可以服食辟谷。”

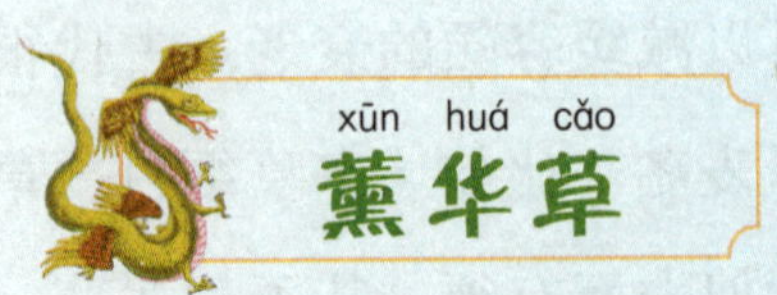

xūn huá cǎo
薰华草

说起君子国，里面有一种植物是万万不能养的，这种植物，早晨生长，晚上死亡，它叫薰华草。如果养薰华草，早上可能刚给幼苗甚或种子浇水，晚上回来就会看见一棵已经枯萎的植物，完全没有养育花草的成就感，会让人不禁反思，为什么要在花盆里养一株枯草呢？

子曰："朝闻道，夕死可矣。"这样说来，薰华草已经"闻道"。按这个逻辑推理，地球上最聪明的动物是蜉蝣，最智慧的植物是薰华草。

很久以前，薰华草是君子国的镇国之宝，生长在神山的悬崖上。当它盛开时，轻柔艳丽，婀娜多姿，有一种别样的娇媚。

在君子国里，有一对恋人彼此爱慕，希望能够永远在一起。可是，女孩的父亲要男孩采一株薰华草作为求婚的礼物，而且取回来的时候，花必须是盛开的。

为了和心爱的人在一起，男孩还是下定决心去完成这项任务。

由于事前准备得很充分，男孩很顺利地来到了神山脚下。可是，有一个因素他事先没有考虑到，那就是山上的天气。山上的天气变化无常，一会儿飘着鹅毛大雪，一会儿又烈日当空。他历尽艰辛爬到神山山顶，此时山顶正飘着大雪，气温骤降。只穿着单薄衣服的他，在山上艰难地寻找着，找啊找，在快被冻僵时，他终于在悬崖边一个不起眼的地方发现了薰华草。男孩兴奋地去摘，却一不小心失足跌下了悬崖。当人们发现他的时候，他的手里还紧紧地攥着一枝薰华草。

后来，他对爱情的执着和坚守感动了天帝，天帝便让他做了掌管花草的神。在天庭，伴着薰华草的芳香，男孩和心爱的女孩幸福地生活在了一起。